YOBEL
ヨベル新書
058

今、よみがえる創世記の世界

進化論と聖書との対話

小山

YOBEL,Inc.

装丁・ロゴスデザイン：長尾 優

まえがき

「はじめに、神は天と地を創造された」

時を超え、場所を超えて最も読まれている、言わば世界のベストセラーである聖書は、この創世記第1章の言葉によって始まります。

続けて、神は、第1日目に光と闇、第2日目に空と海、第3日目に陸地と植物、第4日目に昼と夜を支配する光、すなわち太陽と月、第5日目に空と海を満たす鳥と魚、第6日目に植物を食べる動物と人間を創り、そして、第7日目に「極めてよし」と満足して休息されたと記し、さらにその後に続く創世記第2章では、人間が神によって土から創られたことが記されています。

この創世記冒頭の2つの章は、その後に続く、旧約・新約を含む膨大な聖書という建物の礎石として、また、聖書全体の根底を一貫して流れるバロック音楽の通奏低音のようなものとして、極めて重要な箇所です。

一方、現代の宇宙物理学は、宇宙は約138億年前にビッグバンにより誕生し、さらに約46億年前に太陽系の一員としてこの地球が誕生したとしています。また、進化論は、この地球誕生の後、46億年という気が遠くなるような長い年月にわたって、人間を含むあらゆる生命体が、進化のプロセスを経ながら形づくられたとし、さらに、人類学や考古学は、化石や、旧石器・新石器などの遺跡から、脳の進化と共に、人間が徐々に文化を発達させてきたと述べています。そして、これらの主張は、現在、科学者の間では、疑いのない真実として広く受け入れられています。


ことほどさように、科学と聖書の間には大きなギャップがあり、多くのクリスチャンにとって、科学と聖書との関係は最も悩ましいものの一つと言ってもよいでしょう。また、一般のキリスト教未信者においても、これほどまでに科学と乖離《かいり》したキリスト教を、理解し難い宗教と見なしたとしても決して不思議ではないでしょう。

もちろん、科学と神学（聖書）は、たとえ対象は同じであっても、その目指すところがそもそも異なるので、この違いを問題視すること自体、無意味であるとして、議論そのものを土俵の外へ放り出すこともできるでしょう。
しかし聖書は、この地球を含む天地万物が神によってなったものであり、なおかつ、それらの存在そのものが永遠に神の主権のもとにあることを主張しています。そして、悪の象徴とされている海の怪獣レビヤタンでさえも、神が創り、神の支配下にあると主張しています。従って、もしも、キリスト教コミュニティが、科学と神学は別のものであるとして、議論という土俵の外へ放り出して無視するなら、そもそも聖書の主旨と相容れないと言われても仕方がないでしょう。ましてや科学が、森羅万象の法則性、規則性を明らかにし、神の素晴らしさに、別の面からスポット・ライトを当てるとするなら、なおさらのことでしょう。

1859年にダーウィンが著した『種の起源』をもって嚆矢とする進化論は、一半世紀が過ぎた今日においてさえも、アメリカにおいては、人口の実に約三分の一にも上る人が信じていないとされています。このことからも科学と聖書の関係は、一筋縄ではいかないことが分かると思います。聖書を字義通りに解釈するクリスチャンのうちでも、その一部の人は、進化論はあくまでも仮説として退けるばかりではなく、神を冒瀆《ぼうとく》する無神論者の陰謀であるとさえ決めつけています。他方、一部の無神論者も、キリスト教は科学と相容れない愚かな宗教だとして、激しく非難している有様です。

一方、コペルニクスやガリレオの地動説は、当初、大きな議論を巻き起こして、宗教裁判にまで発展する事態になりました。その根拠として用いられたのが、詩篇にある記載でした。しかし、詩篇はあくまでも詩文であり、科学を記載するものではないのです。彼らが見出したこの地動説は、今日においては、神の創造の秩序の素晴らしさ、神の栄光を表す見事な一例として、キリスト教の世界で喜んで受け入れられていることは申すまでもありません。

今日、科学と聖書の関係について考察するにあたり、大きな障害の一つとして、現代の科学が余りにも高度に発達し、さらには細分化した結果、従来の神学者にとって、この問題を簡単に論じることができなくなった状況をあげることができると思われます。このような状況の中、欧米においては、著名な科学者でかつ神学に詳しい学者の側から、この問題に取り組む動きが顕著になってきています(注1)。

本書では、科学と聖書の関係について、現在最も悩ましいものの代表である進化論を中心に、そのような最近の議論を踏まえながら、聖書との関係について述べていきたいと思います。

進化論と聖書の関係について論じるにあたり、大きな問題として、科学的に誤った進化論が世の中に蔓延していること、そして、地動説の場合に見られたように、一部において、聖書に記載されていることは、すべてにわたってそのままで受けいるべきだという根強い聖書理解があります。

そこで、本書では、**第1章**において、まず、一般的な知識として、聖書解釈における問題点を整理し、その上で科学と聖書（神学）の関係について述べていきます。**第2章**において、これまで、世の中に誤って蔓延していた進化論について、現在、驚くべき生命の神秘を、次から次へと明らかにしていく分子生物学によってその誤解を解き、純粋に科学的な理論として確立された進化論について述べていきます。**第3章**で人間を含めた生物の進化歴史と人間における文明の発達を述べたあと、進化論と対話するにあたり、**第4章**において、聖書が語る創世記冒頭の原初史について、今一度、整理をします。そして、最後に、**第5章**で、この誤解が解かれた科学理論としての進化論と聖書の対話を試みていきます。そして、この対話から見えてくる、現在、危機に瀕しているこの地球環境問題への、進化論から見えてくる聖書的アプローチと、文化勲章も受章した我が国の代表的な哲学者である梅原猛が提唱している森羅万象に神の霊が宿るとする「多神教的自然観」によるアプローチとの対話を試みていきます。

本書は、進化論を正しく理解することによって、地動説がそうであったように、素晴らしい創世記の世界が、読者において、より身近に感知していただくことを願って書かれたものです。従来からの進化論の故に、信仰者でありながらも聖書の福音に多少とも陰りを感じておられる方、信仰を求めながらも信仰の決心に障害を感じておられる方、あるいは、未信仰ではあるが、聖書の科学性について疑問を抱いておられる方におかれては、それらの問題の解決に、本書がいくらかでもお役にたてればと願っています。

また、進化論から見えてくる創世記が語る、万物の創り主である神の、私たち人間に託された地球環境保護に対する大いなる期待、責務についても、読者の皆さまと共に考えていけたらと願っています。

一介の元化学研究者にすぎない私が、いかにして本書を執筆するに至ったか、その経緯を「思えば遠くへ来たもんだ ―― 私の化学から神学への長くも不思議な旅」として「あとがき」で記しました。今、こうして半世紀にわたる私の長い旅路を振り返ると、その節目、節目に、神が良き導き人、助け人を置いてくださったことが思われます。そこにお名前をあげた方はもとより、あげることができなかった方々を含めて、それらのお一人、お一人に、心からの感謝をお捧げいたします。

私は先に、ケンブリッジ大学の「ファラデー科学と宗教研究所」の元所長、デニス・アレクサンダー教授の著書“Creation or Evolution; Do We Have to Choose?”を翻訳いたしました(『創造か進化か――我々は選択せねばならないのか』ヨベル、2020年)。本書は教授のこの著書に啓発され、それをベースに書かれたものです。アレクサンダー教授に、特別の感謝をお捧げいたします。

出版に際して、細やかな配慮をもって実務を担当してくださったヨベルの安田正人氏、装幀をしてくださったロゴス・デザインの長尾 優氏に、心から感謝をお捧げいたします。

2020年6月

著　者

目次

第1章　科学と神学

キリスト教神学・信仰の根幹は、「キリストが、聖書に書いてあるとおり私たちの罪のために死んだこと、葬られたこと、また、聖書に書いてあるとおり三日目に復活したこと」とパウロが語っているように（コリントの信徒への手紙一15章3～4節）、イエスが私たちの罪のために死んだあと、3日目に復活したことにあります。

科学によれば、死者を3日間も放置すると腐敗が進み、命が生き返ることなど、あり得るはずもありません。しかもイエスだけではなく、私たちと同じ人間として描かれているラザロなどにおける、死者の復活も記されています。5つのパンと二匹の魚で、五千人もの人が養われたということも、四つの福音書には全て記されています。このように、聖書には、科学的見地から到底あり得ないことが、堂々と記されています。

これでは、一般のキリスト教未信者の方にとっては、いかにも不思議で、キリスト教は理解し難い宗教だと言われたとしても、決しておかしくはないでしょう。これは、何も未信者の方だけの問題とは言えないでしょう。多くのクリスチャンにとっても、科学と聖書の関係は最も悩ましいものの一つではないかと思います。

本書では、このような科学と聖書の関係について、その中でも最も多くの関心がもたれている進化論と聖書の関係を中心に、いろいろと考えていきたいと思います。

このような議論をするにあたって、聖書とは、どのような文学様式で書かれている書物なのか、そのことについて、まず考えていきたいと思います。

（1）聖書の文学様式

聖書は、旧約聖書39巻、新約聖書27巻の全巻66巻からなっています。

もちろん、著者がいます。マルコやその他による福音書のように、著者が判っているものもありますが、著者が判っていないものも数多くあります。この分厚い聖書は、旧約から新約まで、時間的には紀元前から紀元後まで、千年を優に越える長い時代にわたって無名の著者を含めて、数知れない多くの著者によって書かれたものですが、これらは揺るぎのない一貫した思想のもとに書かれています。このことは実に驚くべきことと言わざるを得ないでしょう。このことが、それぞれの著者の背後には神がおられ、その神の霊によって彼らは聖書を書いたとされる所似です。よって、キリスト者は、そこに書かれたものを神の言葉として受け入れています。

このように、キリスト者は皆すべて、聖書を「神の言葉」として受け入れていますが、その受け取り方は一様ではありません。このことが大きくは教派を生み、さらには同じ教派、同じ教会の中においてさえも、個々人の間でその受け取り方は様々に異なっているのです。このことは、同じ小説を読んでいながらも、その受け取り方が、その読み手によって一様でないことからも理解できるでしょう。

しかし、たとえその受け取り方が異なっているとしても、「神の言葉」を信じる者は皆、イエスの愛でつながれた家族なのです。

聖書を文学様式・記述様式の観点から見ると、聖書が実に様々な様式で書かれていることに気付かされます。例えば、民数記は統計データであふれており、現代の国勢調査報告さながらです。

私は企業で一時、法務関係の業務に携わっていましたが、申命記は、いかにも現代のビジネスにおける契約書のように思われました。契約概念が発達した欧米の企業法務担当の方にそのようことを話すと、まさに、申命記こそが、その原形だと言われました。

もっとも、旧約、新約――つまり、古い契約、新しい契約――という名前からわかるように、聖書全体が、壮大な神による私たち人間に対する救いの契約書なのです。しかも、その契約は、人間には何ら義務を課さない神からの一方的な救い・恵みの契約、つまり、救いに与った人間からの自発的な応答を期待するだけの、法務的には片務《へんむ》契約（契約の当事者の一方のみが義務を負うこと。）と呼ばれるものなのです。レビ記には律法・規則が細々と書かれており、まるで六法全書を読んでいるかのようです。

歴代誌や列王記は歴史書、詩編や哀歌はその言葉の通り詩歌（讃美歌）、サムエル記は伝記、箴言は格言、イザヤ書やエレミヤ書などは預言書、ガラテヤの信徒への手紙などはそのタイトルが語る通り書簡、パウロによるローマの信徒への手紙は、書簡という形式を取っていますが、一方では神学論文とさえ見なされています。ヨハネの黙示録は、黙示的記述と呼ばれている、そのまま読んでも何が書いてあるのか理解できない、聖書独特の様式が取られています。

その他にも、イエスが語ったような多くの譬え話もあります。その中でも、イエスの放蕩息子の譬え話は、世界で最も優れた短編小説だと、芥川龍之介が激賞したことはよく知られている事実です。

このように聖書はあらゆる様式によって書かれていますが、いずれも科学論文としての記載はなさそうです。このことは、本書の性格上、特に注目すべきこととして、あらかじめ強調しておきたいと思います。

(2) 聖書解釈における問題点

このように、聖書は様々な文学様式で書かれていますが、ある様式で書かれていながらも、あたかも別の様式で書かれているかのように読むと、大きな間違いを冒《おか》す危険性があることに注意することが必要です。

いわゆるカテゴリー錯誤と言われるもので、その例をいくつか上げてみたいと思います。

ルカによる福音書16章1~13節に、ある金持ちの金を不正に使った「不正な管理人」を、イエスが褒《ほ》めたという話があります。それをそのままに受けて、不正をしたらどうなるでしょうか。もちろん、罪を犯し、それなりの罰を受けるでしょう。この話は前にあげた文学様式で言えば、「譬え話」のジャンルに属するもので、その奥にある真理に目を向けなければ、とんでもないことになるという、誰にでもわかる典型的な例といえるでしょう。

また、神がアダムのあばら骨からエバを造ったという記載を見て（創世記2章21節）、「聖書はやはりすごい。現代におけるクローン技術を既に神は見通していたのだ！」と、感心するとしたら、やはり、この物語の本質を見落とすことになるでしょう。聖書は、現代の医学をあらかじめ示している科学論文ではないのです。このことの意味は、後で詳しく述べたいと思います。

これらは、笑って過ごすことができる例ですが、深刻な例としてガリレオの地動説に関わる宗教裁判があります。

地動説は、発表された当初は、あまり批判されることもなく、キリスト教の世界――とは言っても当時のことですからカトリックですが――で、受け入れられていたようです。しかし、周知のようにガリレオは宗教裁判にかけられてしまいました。

このことについて、ガリレオ自身が、当時、カトリック内部にあった抗争、さらに悪いことには、丁度その頃に勃興を始めたプロテスタントに対する、カトリック側の対抗心に巻き込まれてしまい、このことが、その背景として指摘されています。[注2]

だが、それはそれとして、その宗教裁判で引用された聖書箇所は、詩編第96編10節の「国々にふれて言え、主こそ王と。世界は固く据えられ、決して揺らぐことがない」という箇所でした。つまり、この箇所を字義通りに解釈して、地球が動くなどもってのほか、聖書を冒瀆《ぼうとく》しているとして、彼は糾弾されました。しかし、同じ詩編96編の後半部分において、「野とそこにあるすべてのものよ、喜び勇め。森の木々よ、共に喜べ」とあるように（12節）、この詩編は、神を賛美する歌なのです。

これも、本来、讃美歌であるはずの詩編を科学書とみなした結果、つまりカテゴリー錯誤によって引き起こされた悲劇でした。このことをもって、当時の教会は、ガリレオという天才はもとより、天文学という科学まで裁くという大きな間違いを犯してしまったのです。このことは、その後の科学とキリスト教の間に、深刻な禍根を残したことは、言うまでもありません。

教会でよく聞く言葉の中に、「聖書は、書いてある通りに読むべきで、解釈すべきものではない」というのがあるのではないでしょうか。

しかし、聖書は、そもそも旧約聖書はヘブライ語、新約聖書はギリシア語で書かれており、私たちが手にして読んでいるものは全て誰かの翻訳によるものであり、そこには既に、翻訳を通しての解釈が入り込んでいるのです。このことは、日本語訳でも、文語訳、口語訳、新改訳、新共同訳、聖書協会共同訳など、多くの聖書訳があり、それらは、異なって翻訳されていることからも明らかでしょう。もちろん、権威ある聖書は、その時代、時代において、最高の聖書学者の解釈・合意のもとに翻訳されていますが、その解釈は、言語学の発展やその他の古代資料の発見などに応じて時代によっても変化しているのです。


それは別としても、例えば、創世記第1章では全ての被造物が創られた後に、人間が創られたとあるのに対して、創世記第2章では、人が創られる前に「地上にはまだ野の木も、野の草も生えておらず」、また、人が創られた後に、「野のあらゆる獣、空のあらゆる鳥」を神が創ったと、創造の順序が逆になっているのは、どういうことなのでしょうか。

また別の例では、創世記1～2章から推察するに、アダムとエバは神によって創られた最初の人間であるにもかかわらず、2章24節で「こういうわけで、男は父母を離れて女と結ばれ、二人は一体となる」と、あたかも二人には父と母があるように書かれているのはどういうことでしょうか。

これらについて、解釈なしでは、とうてい理解することはできないでしょう。

このように、聖書には、書いてある通りに読むことができない箇所であふれています。そして、イエスご自身が、字義通りに受け取ることによって間違いを犯すことがあることを警告しておられるのです。それは、マルコによる福音書2章23～28節に記されている、次のような箇所です。

イエスが弟子たちと麦畑の中を通っている時でした。お腹が空いたのでしょうか、弟子たちが、歩きながら麦の穂を摘みはじめました。その日は安息日でした。それを見たファリサイ派の人たちが、このことは律法にある安息日の規則違反だとしてイエスに訴えたのです。イエスはどう答えられたでしょうか。「安息日は人のために定められた。人が安息日のためにあるのではない」と、逆に、彼らを厳しく咎められたのです。

このように、イエスご自身が、律法のような基本原則でさえも、文字通りに解釈してはならないと、厳しく戒められているのです。

これらの事柄からも分かるように、聖書は、そこに書いてあることの背後に隠されていることについて、深い洞察と解釈を私たちに要求しているのです。

(3) 科学の進歩と聖書理解

中世まで聖書解釈は主に、古代ギリシアやローマで使用されてきた四頭立ての戦車から取られたクワドリガと呼ばれる、次に示す四つの方法によってなされてきました。

- ・字義的方法——聖書に書いてある文字通りに解釈する。
- ・寓喩的方法——ある事柄を、教理について語っているものとして解釈する。
- ・転義的方法——ある事柄を、文字通りあるいは標準的なものとは別のものとして、解釈する。
- ・終末的方法——ある事柄を、黙示的なものとして解釈する。

今まで語ってきたことから、聖書が一筋縄ではなく、単に文字通りに解釈できないことはおわかりになったことと思います。従って、字義的に解釈できない場合には、右に述べた他の3つの方法で解釈することになるでしょう。

寓喩的方法とは、比喩的方法と言い換えることもありますが、典型的には、聖書で多く語られる譬え話があげられるでしょう。転義的方法としては、ヨハネによる福音書2章1〜12節で、イエスによって、水がぶどう酒に変えられた出来事などがあげられるでしょう（このことについては、後で詳しく述べます）。終末的方法とは、未来のできごと、特にこの世の終末のときの有様についての隠されたできごとを、象徴によって語る、聖書において独特な方法で、ヨハネの黙示録などがこれにあたります。


しかし、中世以降、自然科学が進歩するに従って、このような従来からの聖書解釈は、深刻な問題に直面するようになってきました。その代表的なものが、デカルトによる「機械論的世界観」と、それに基づいて発展してきた科学技術文明、そして1859年のダーウィンの進化論ではないかと思います。

近代哲学の祖として知られるデカルトは、解析幾何学を考案した大数学者でもあります。彼は、ニュートンが万有引力の法則を発見する前の1637年に「方法序説」を著しましたが、その中で、自然の本質は数式によって表現された法則によって機械的に把握されるとする、「機械論的世界観」を提唱しました。その後に、ニュートンが見出した地上における運動を支配する万有引力の法則は、天体の運動においても適用可能なことから、地動説と相まって、宇宙は一定の法則で動く巨大な機械であるとする考え、つまりデカルトが提唱した「機械論的世界観」を強力にサポートするものとなりました。

デカルトはフランス人で、イエズス会の学校で信仰の合理的正当化と体系的提示を目指すスコラ哲学を学びました。哲学者の梅原猛は、88歳の時、彼の50年にわたる長い日本文化研究の集大成と彼自身が位置づけている『人類哲学序説』（岩波新書、２０１３）を著しましたが——彼は、その「あとがき」で、これはあくまでも「序説」であり、「本論」を書くつもりであると記していましたが、残念なことに、「本論」の完成を待たずに、２０１９年に、94歳で亡くなりました——、その中で彼は、理性を最高とするデカルトの哲学は、ソクラテスやプラトンなど理性を重んじるギリシア哲学とキリスト教が結びついたもので、キリスト教に関して言えば、創世記1章26節の「我々にかたどり、我々に似せて、人を造ろう。そして海の魚、空の鳥、家畜、地の獣、地を這うものすべてを支配させよう」にある「神の似姿」を「理性」と解釈し、よって、人間は他の被造物に対して、神から特別の地位、つまり、それらを支配する権限が与えられたということを、その基礎にしていると、述べています。

人間を特別視して、他の被造物を思いのままに支配するという考えは、何もデカルトに限らず、中世以降のキリスト教において広く行き渡っていました。このような考えは、近世以降のヨーロッパにおける主流思想である、合理主義、人間中心主義、技術至上主義へと繋がり、現在の豊かな物質文明の恩恵に私たち現代人は与っている訳ですが、他方では、梅原も指摘しているように、それから生じた地球環境問題は、今や、抜き差しならない状況になってきています。

ここで、私が強く主張したいことは、聖書の解釈が、科学の発展と共に、哲学はもとより現代の環境問題のような大きな問題に結びついていくということです。このことについては、聖書の全体を俯瞰することなく、「神の似姿＝理性」として単純化し、また、被造物に対する「支配」が、あくまでも「神の意図に従った支配」であることへの省察に欠けていたことが大きな要因としてあげられると思います。このことについては、第４章でさらに詳しく見ていきたいと思います。

ただ、地動説や万有引力の法則、さらにビッグバンを含む物理に関わる諸々の法則は、聖書と矛盾・衝突するどころか、神による天地創造の秩序がいかに素晴らしく、完璧であるかという例を提供するものとして、現在、大方のクリスチャンにおいては、素直に受け入れられています。多くの宇宙飛行士が、宇宙にあって、その崇高さの中に神を見出したと語っていますが、(注3)詩篇作者も「主よ、わたしたちの主よ、あなたの御名は、いかに力強く、全地に満ちていることでしょう。……あなたの天を、あなたの指の業を、わたしは仰ぎます。月も、星も、あなたが配置なさったもの」と、満天に輝く星と月を、深い感動の中で仰ぎ見上げました（詩編8編2～4節）。彼らは、神の創造の業の中に、自分たちに継続して今も注がれている、神の愛と慈しみを感じ取ったのです。

それでは、ダーウィンの進化論はどうでしょうか。1859年にダーウィンが『種の起源』を発表して以来、既に一世紀半以上も経過していますが、多くの世論調査によれば、アメリカでは、現在でも人口の約三分の一にも上る人が、進化論を信じていないとされています。そして、進化論を学校で教えるべきかどうか、過去において何度も裁判で争われたそうです。

実際、ケンタッキー州には、まさに、創世記に書かれている通りに天地万物が創造され、それは科学的にも実証されているとして、進化論を完全に否定する立場に立つ創造博物館があるそうです。そして、多くの見物客であふれていることが、様々なメディアで報道されています。そこでは、地球は約６０００年前に誕生したとして、人間と恐竜が共存する様子などが、リアルに展示されているということです。現代の科学によれば、地球は約46億年前に誕生し、恐竜は約６５００万年前に絶滅し、現代人としての人間は約20万年前に現れたとしており、この博物館の主張とは、天と地ほどの大きな違いがあります。

（4）進化論はなぜ受け入れられ難いのか

アメリカ人の多くが進化論を信じない――信じたくない――理由は、主には、進化論が聖書の冒頭の創造物語を始めとして、旧約・新約を通して、聖書の中で一貫して流れているキリスト教の主張と一致しないことによると言われています。しかし、アメリカだけではなく、たとえ進化論を、科学的な理論として認めたとしても、どこか割り切れない思いを抱いているクリスチャンが、日本を含めて世界にも多くいるのではないでしょうか。

クリスチャンが、なぜ進化論を素直に受け入れることが困難なのか、もう少しその理由を掘り下げていくと、大まかには、次のような事柄に集約されるように思われます。

① 進化論は、「偶然」によって支配される「突然変異」に基礎を置いている。
② 進化論は、人間と動物には生物学上、基本的な差異はないとしているので、神の創造の極みとしての人間、そしてその固有性に疑問を投げかける。
③ 「適者生存」の考えは、弱者切り捨てを支持する。
④ 進化論は実験によって検証することができず、あくまでも「仮説」である、等々。

要するに、これらのことは、森羅万象、全てにおいて神の主権を主張する聖書の教えに反しており、さらにまた、キリスト教倫理とも相容れないように見えるからでしょう。そして、その根本には、進化論は「仮説」にしか過ぎないという考えがあると思われます。

私自身について言えば、人生の大半を化学という学問分野の研究に関わってきた科学コミュニティの一員として、また、聖書の言葉を信じる一人のキリスト者として、ここに掲げたような進化論にまつわる疑問は、私にとっても未解決の問題として、あたかも喉に刺さったトゲのようにして私の心を痛めるものでした。別の言葉で言い換えると、晴天――聖書の福音――にかかる一朶の黒雲のように、どこか、いつも私の心の片隅に暗い陰を投げかけていたと言ってもよいかもしれません。

この問題に関して、何らかの解答を得たいと思って、いろいろと書物を調べました。その結果、これまでの議論が、進化論は、聖書の記述に反する間違った「仮説」であるとして、聖書をそのままで信じることを強く主張する一部のクリスチャンと、他方では、聖書は、進化論ひいては科学に相反しているので、聖書は信じるに足るものではないとして、キリスト教そのものを否定する無神論者によるもので占められていることが分りました。

これらの議論の行き着くところは、進化論と聖書を同時に信じることは到底あり得ず、よって、もしもそのような者がいれば、彼は愚かな者ということになるわけです。

科学における新しい発見や新しい理論は、それが偉大なもの、そして革新的であればあるほど、大きなインパクトを社会に与えます。そして、その優れた科学理論を、「～主義」や「～イズム」のように、哲学を含めたあらゆるジャンルのセクターが、それぞれ自分たちの考えやイデオロギーに都合がよいように解釈し、あるいは加工して、それらの主張の正当性を支える根拠として利用することは、しばしば目にするところです。いわゆる我田引水と呼ばれるものです。

ダーウィンの進化論も、まさにそのような運命を辿ってきました。マルクスのような共産主義者が、階級闘争と、その結果として起こる革命の正当性の根拠として進化論を引用していますが、共産主義と全く対立するロックフェラーのような資本主義者も、大企業が市場を支配するのは、「適者生存」の進化論に適っているのだと主張しました。重篤な障害者を抹殺しようとする優生学、あるいは人種差別主義、国家主義的な純血思想なども同様です。ヒトラーのユダヤ人虐殺のホロコーストは、まさにその頂点と言ってもよいでしょう。もちろん、無神論を主張する人たちも、その多くが進化論をその根拠にしています。

この対極にあるのが、先にも述べた、聖書をそのまま字義通りに読むことを主張するクリスチャンの中でも、特に進化論を明確に否定する考えに立つ人たちです。

一見、これら二つの立場からの主義主張は、相反するように見えますが、結局のところ、その根は同じであり、後で詳しく述べるように、いずれも進化論、そして聖書をある種の根強いバイアスをもって理解していることによるものなのです。

本来、科学はそれ自体で成り立っており、哲学を含めてあらゆる思想や主義主張に対して無関係、ニュートラルです。

酸素（O）と水素（H）が反応すると「水（H2O）」になり、さらに、「水」は百度に熱すると沸騰して蒸気になり、零度に冷やすと氷になります。科学としての「水」そのものは、それ自体、あくまで無色透明で、そこには何の思想、主義主張もありません。

だが、無色透明の水も、色材を加えると赤い水、あるいは黒い水になり、清澄な純水も、泥を混ぜると泥水になるように、本来、純粋に科学的な理論も、それを利用する者の意図に応じて、いかようにもなるのです。

ダーウィンは、進化論を純粋な科学理論として発表しましたが、先にも述べたように、科学以外の様々な分野にある、それぞれのセクターにおいて、その思惑に応じて勝手気ままに濫用されており、言わばこのように様々な手垢で真っ黒に汚れた進化論が、科学コミュニティの外では、進化論として大手を振って闊歩する事態になっているのです。

このように混乱した進化論をベースに、「ダーウィン主義」や「反ダーウィン主義」が、互いに反目し合っている有様です。天国のダーウィンも、目を白黒させて、さぞかし困惑していることでしょう。ダーウィン自身、彼の考えは厳密に生物学的理論であり、さらに、この考えはいかなる宗教的意味合いを持つものではないとして、あらゆる懸念を和らげることに心を砕いていたとされています。

聖書は、進化論が発表される前から多くの人が信じており、また発表後においても、そのことに変わりはありません。聖書は、そのような理論に振り回されるほど脆弱ではなく、神は、進化論の有る無しに関わらず存在するのです。ビッグバンによって宇宙が誕生する以前から、そして、この世界の全てが終わった後も、神、そしてその言葉は、永遠に続くのです。

しかし、だからと言って、聖書と進化論について言わばタブー視して、今あるこのような状態をそのままに放置しておく訳にはいかないことは明らかでしょう。

(5) 創造論か進化論か——我々は選択しなければならないのか

ここで「創造論」という用語を使っていますが、私たちは、用語の使い方には注意を払う必要があります。なぜなら、クリスチャンは、誰でも皆、聖書の冒頭にあるように、天地万物が神によって創造されたことを信じています。よって、創造論はクリスチャンにとっては至極当然で、ここで改めて問われるまでもなく、選択の対象にはならないからです。わざわざ括弧を付けて「創造論」と書いたのは、そのような意味での創造論ではなく、天地万物の創造が、まさに聖書に書いてある通りの方法でもって、その期間についても7日間で終了したと主張する人たちがおり、彼らのそのような主張を指しています。

このような「創造論」は、138億年前にビッグバンによって宇宙が誕生し、そして46億年前に地球や月を含む太陽系ができた後、その長い期間にわたって生命が進化したとする「進化論」と明らかに対立するものです。


私は数年前に、東京バプテスト神学校で、「組織神学」の講義を受講しました。そこで使用されたテキストは、オックスフォード大学の教授で、今日の代表的な神学者と言われているアリスター・マクグラスという人が書いた『キリスト教神学入門』と題する本でした。大部のその本は、神学に関わる古代からのあらゆる主要な論争を網羅しており、大変貴重な労作です。もちろん「科学と宗教」についても、歴史的な考察も含めてページが割かれています。しかし、私にとって残念だったことは、進化論に関しては、いくつかの議論が簡単に紹介されているだけで、深い考察を見出すことができないことでした。

著者プロファイルから、マクグラスは神学者ですが、元々は分子生物学の博士号を有する科学者であることが分りました。このテキスト以外にも、『科学と宗教』と題する本を著しており、私は、この著書において、前にも述べた私の進化論に対するわだかまりは雲散霧消するものと期待して、早速に購入し、隅から隅まで注意深く閲読しました。しかし、進化論に関する限り、先の組織神学テキストから一歩も前に出るものではありませんでした。その後も、いろいろと文献を調べてみましたが、私のわだかまりを払拭するものに出くわすことはできませんでした。

では、キリスト教主流を占めるカトリックやプロテスタントの各教派は、この問題に関して、なぜこのように口を閉ざしているのでしょうか。ガリレオ事件に懲りて、科学と聖書は別物であるとして、進化論に対して距離を置いているのかもしれません。

だが、その間にも、無神論を唱える人たちが進化論を楯にとってキリスト教を愚かな宗教だと攻撃し、他方では、聖書を字義通りに読むことを強く主張する人たちが進化論を否定するという狭間で、神を信じる多くのキリスト教信徒が困惑の中にいるのです。そればかりではなく、学校で進化論を学んだ若い人たちが、キリスト教に関心を持っていながらも、キリスト教は、進化論、ひいては科学と相容れないおかしな宗教だとして敬遠するとしたら、キリスト教コミュニティとしても、われ関せずと腕を組んで見過ごすわけにはいかないでしょう。

進化論に関して言えば、数十年前までは、地中から掘り出された化石などが主な証拠で、確かに不確かな部分が、少なからずあったことは否めません。加えて、進化論と聖書の関係について論じるためには、生物学や地質学などの専門的な科学知識を兼ね備えた神学者が不可欠であり、このような神学者がいなかったことも、キリスト教コミュニティにおいて、この問題がこれまで敬遠されてきた大きな原因の一つではないかと思われます。

そのような背景の中、分子生物学、特に遺伝学、ゲノム学の最近の進歩は目を見張るばかりで、進化論も地中から見出された化石や、従来の生物学の枠を超えて、分子生物学の立場から格段と明確になってきました。周知のように、イギリスのケンブリッジ大学は自然科学、人文科学をはじめとして、各界に多くの知的巨人を生み出してきた世界屈指の名門大学です（ここで取り上げたダーウィンやニュートンもケンブリッジ大学出身です）。この大学は31にも上るカレッジからなっていますが、それぞれが独自のチャペルを持っており、神学がそれぞれの学問分野に深く関わっていることが窺われます。さらに、このケンブリッジ大学には、「ファラデー科学と宗教研究所」（ファラデーは、電磁気に関する「ファラデーの法則」で、中学の理科でもおなじみの物理学者です）という、科学と神学の橋渡しをする研究所があります。ここの名誉所長であるデニス・アレクサンダー教授は、遺伝学、ゲノム学に造詣が深い、分子生物学の分野における著名な学者ですが、それと同時に、神学者でもあります。アレクサンダーは２００８年に、『創造か進化か —— 我々は選択しなければならないのか（Creation or Evolution: Do We Have to Choose?）』を著しましたが、この本は、まさに進化論と聖書の関係に、科学とキリスト教神学の立場から、深い洞察によるメスを入れた最初の本と言ってもよいかと思います。私は、前にも述べたように、この問題についてかねがね深い関心を持っていたところ、ある出来事を通じて偶然に本書と出会い、大変感銘を受けました。そして、ケンブリッジでアレクサンダーと直接にお話をし、いろいろなことを学ぶ機会を得ることができました。

この本の中で、アレクサンダーは分子生物学者として、まず最初に、先にも述べたように、様々な主義主張によって真っ黒に染みついた、進化論にまつわる手垢を丁寧に洗い落とし、純粋な科学理論としての進化論をあらわにしていきます。その過程の中で、進化において中心的な位置を占める「変異」は、一般に信じられている、「偶然」に支配された「突然変異」だけではなく、様々な変異があること —— しかも、その大部分は生命の仕組みそのものに由来する —— を、明らかにします。そして、進化が、それらの変異のうちで、その生命体の繁殖に繋がるものだけが選択されて次世代に引き継がれ、また別の場合には、その時々の地球の環境変化に対して、それぞれの生命体が驚くほど見事に順応して、今日の生物の多様性に繋がっていったプロセスであることを明らかにします。

そして、神学者として、進化とは、昔も、今も、そして未来においても、昼も夜も休むことなく働く神の御業のプロセスであることを明らかにします。

まさに「目からうろこ」、私はこの本によって、先にも述べた進化論に対する長い間のわだかまりが、すっきりと消え去り、そして、進化論と聖書を同時に信じることは、決して矛盾することではなく、進化論の中にも、汲んでも尽きることがない豊かな福音の秘密が隠されていることを知り、深い驚きと感銘を禁じることができませんでした。

まさに真理は、地動説がそうであったように、聖書を貶めるどころか、その素晴らしさに別の観点からスポットライトを当てて、聖書をさらに深く理解することを助けるということに、改めて気づかされた思いがいたしました。

この本は、日進月歩で発展する分子生物学に合わせて、2014年には大幅に改訂され、その改訂版を私が翻訳し、その翻訳書が、『進化か創造か――我々は選択しなければならないのか』（ヨベル、2020年）として日本でも出版されました。本書は、アレクサンダーのこの本に触発されて書かれたものです。従って、基本的には、彼の考えを引き継いでいます。余りにも多く引用しているので、それらの一つ一つを引用として明示していません。しかし、私自身の考えの文脈の中で引用している部分も多くあります。いずれにしても、本書における内容については、著者である私自身に全責任があることはもちろんです。アレクサンダーの本は、かなり分厚い本ですが、それだけに、進化と創造の関係が、いろいろな観点から詳細に論じられているので、より詳しくは、アレクサンダーの本へと進まれることを、ぜひともお薦めいたします。

第2章　進化論とは

(1)「進化論」を議論する前に――用語の問題

「進化論」は、今さら述べるまでもなく、1859年にダーウィンによって発刊された「種の起源」と題する本をもって嚆矢とします。しかし、ここで注目しておかなければならないことは、ダーウィン自身、この「進化」という用語を、この本の中で全く使用していないということです。「進化」と訳されたそもそもの英語の単語は、“evolution”ですが、その意味は、オックスフォード英語辞典によれば、「あるものがゆるやかに発達すること、特に簡単なものから複雑なものへ」とあります。ダーウィン自身には、そのような考えは全くなく、「生物の多様化」をイメージしていたとされています。このことは、「種の起源」を発表する20

年以上も前の1837年に、彼が書いていたノートによって、はっきりと知ることができます（図1）。

漢字は表意文字としてそれ自体で意味をもっており、簡潔でとても便利な言葉なので、やまと言葉の中に取り入れられてきましたが、本来ニュートラルな科学を記述する場合に、時として、誤解を与える場合があります。この日本語として翻訳された「進化」という用語は、より優れたものへと進歩していくというニュアンスが含まれていると思われます。新しい車のモデルが発売される時、「進化を遂げたニューモデル」などと、TVのコマーシャルでも見る通りです。

そしてまさに、現代分子生物学は、「進化」というよりは「多様化」であることを示しているのです（このことは、後で詳しく見ていくことにいたします）。そう言いつつも、本書においては、今後とも特別な事情がない限り、従来通り「進化」、「進化論」という用語を用いて、議論を進めていくことにいたします。

「進化論」や遺伝学に関わる用語に関しては、これ以外にも、「突然変異」、「自然淘汰」、「適者生存」、「優性遺伝」、「劣性遺伝」、「色覚異常（色盲）」など、ある種の価値観を連想させる表意文字としての漢字が訳語として充てられ、結果として、本来それが意図するよりも増幅された意味を持って使用されてきました。これらの用語が、すぐ前で「進化」という用語に関わる問題でも述べたように、本来、無色透明である遺伝学に混乱をもたらし、また世間一般にも、間違ったイメージやメッセージを与え、あらぬ差別を生む温床になってきました。

学問の世界では、長らく使用されてきた用語を変更することは、別の意味で混乱をもたらすことから、長年これまでの慣習に従ってきましたが、２０１７年に、学問的にも不適切と考えられる用語について、日本遺伝学会もようやく改定に踏み切りました。[注4] このことは新聞でも報道され、世間でも注目されました。今後、各方面においても、なるべく新しい用語を使用するように指導して欲しいと、学会から文部科学省に対しても要望書が出されたということです。

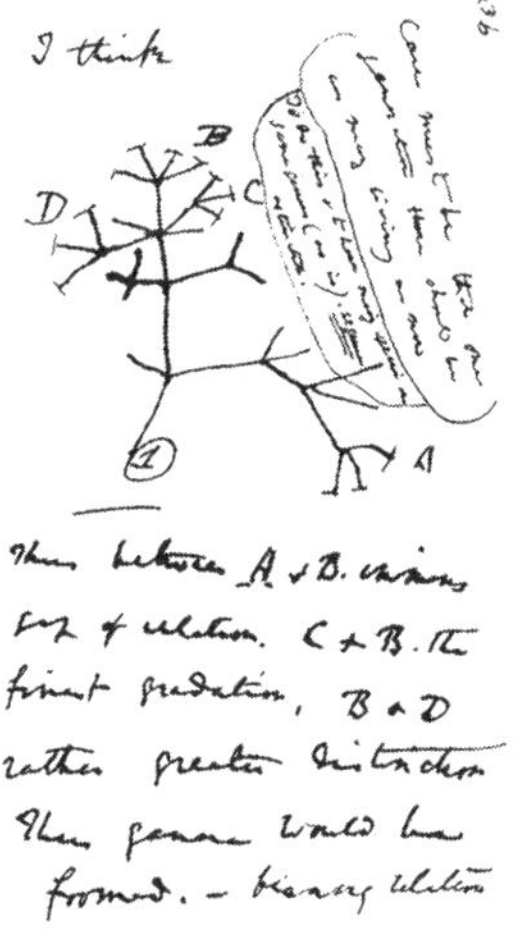

図１　ダーウインのノートより（1837 年、ケンブリッジ大学図書館所蔵）

ちなみに、「突然変異」は、「突然」が括弧で括られた「(突然) 変異」に変更されました。「突然」という言葉は、「訳もなく突然に起こった」というイメージが連想されますが、このように訳された

mutationという英語には突然という意味は含まれておらず、その上、最近の分子生物学によって、実際には、進化が、極めて合理的な生命の仕組みによって起こることが、益々明らかになってきているという事実によるものです。ちなみに、「突然」が括弧付きとなっているのは、「突然変異」という用語を今後とも使用可能という意味で、これまでの慣習に固執する学者の根強い抵抗があったことがうかがわれます。

なお、「変異」と訳されている言葉自体も、「何か尋常ではない、変なものに変わっていく」というような、ある種のマイナス・イメージが伴うことから、単に「変化」あるいは「多様性」に、「変異体」は「多様体」という用語を使用することが推奨されています。

「適者生存」や「自然淘汰」という用語は、今回の用語の改定には含まれていません。「適者生存」(survival of the fittest)とは、ハーバート・スペンサーという哲学者が考え出したもので、明確に善悪という道徳的な意味あいを持つ、遺伝学分野の外で使用されていた造語であることから、改定の対象から外れたのかもしれません。アレクサンダーは、「適者生存」を"reproductive success"(日本語では「繁殖成功」と訳出されている)という生物学上の言葉を使用すべきだと主張しています。また、「自然淘汰」は、英語辞書によれば、"natural selection"、つまり、「自然選択」なので、これも、この学問分野の外で使用されていた、日本独自の造語だったのかもしれません。

本書では特に取り扱うことはしていませんが、今般、「優性遺伝」は「顕性遺伝」、「劣性遺伝」は「潜性遺伝」、「色覚異常（色盲）」は「色覚多様性」というように、日本遺伝学会において用語の改定がなされています。彫刻家で詩人であった高村光太郎の妻で、「智恵子抄」にも出て来る画家の高村智恵子は、彼女の「色覚異常」に悩んでいました。結局、彼女は統合失調症という病によって自死するのですが、彼女が画家であっただけに、彼女の自死は、この「色覚異常」が遠因だったとされています。その背後には、この言葉が持つマイナスのイメージがあったのかもしれません。

優れた画家は、一般の平凡な人間にはない、ハッとするような鋭い色彩感覚を持っています。まさに、「色覚多様性」は、「色覚異常」というようなものではなく、神さまからいただいた豊かな賜物ということができるでしょう。高村智恵子も、彼女の色彩感覚をプラスに捉えて、墨絵の世界へ方向転換していたら、彼女独自の素晴らしい墨絵の世界が開かれていたのではないかと、多くの人に惜しまれています。

これとは別に、犬の色彩感覚は人間とは異なっていることが分っています。これをもって

「色覚異常」とは、犬に対して失礼というものでしょう。それどころか、犬は、人間にとっては暗闇であっても、物を見分ける能力があり、そのことの故に人命救助や、犯人捜査で大いに活躍しているのです。

何故ここで用語の問題を取り上げてきたかというと、聖書との関連においてこれまで議論されてきた進化論は、これらの不適切な用語によって根強く存在しているバイアスがかかった進化論を前提としている場合が多く、私たちは、このことにも注意を喚起する必要があると考えたからです。

(2)「進化論」は仮説か

多くの科学的な理論は、仮説に始まって、それが実証されることによって、理論として確立されていきます。仮説としてあった陽子崩壊現象が、地下1000メートルという地中に深く掘られたカミオカンデと呼ばれる実験施設で、ニュートリノを観測することによって確認され、その結果、理論として確立されました。このことによって小柴昌俊《まさとし》博士(1926~)が、2002年のノーベル物理学賞を受賞したことは、周知のとおりです。

では、進化論はどうでしょうか。

前にも述べたように、数十年前まで、進化論は、地中から発掘された化石が主な証拠でした。従って、その化石およびそれを含む岩石の年代を決定することは、当然、重要なこととなります。年代決定の方法には、後でのべるようにいくつかの優れた科学的な方法があり、よって、出土した化石も、それが属していた年代は極めて正確なものです。それでも、化石が出土した地層や、化石そのものの信憑性などから、不確定な部分も散見されていたことも事実です。このことが、進化論は依然として仮説、あるいは、間違った仮説だと主張する人たちの主要な根拠となっていました。

しかし、それらの主張は「反ダーウィン主義」のように、科学とは異なった「〜主義」に根ざすものと言わざるを得ないでしょう。なぜなら、「木を見て森を見ず」の譬え通り、いくばくかの空き地や「雑木」が散在するものの、名前が知られた圧倒的に多い木によって覆い尽くされた森のように、進化論を支持する証拠は、森のあらゆる所に満ちあふれているからです。進化論において散見される、いまだ不確定な部分としての雑木や空き地を根拠として、明確な森全体を否定することはできません。しかも、ゲームとしてのパズルの空白部が埋められていくように、新しい発見によって、それらの不確定な部分も次から次へと埋められていっており、その全貌がますます明らかになっているのです。

さらに、そのことに加えて、近年、目覚しい勢いで進んでいるゲノム学や遺伝学を含む分子生物学が、進化論を支持する決定的な証拠を与えるようになってきました。進化論は、現在ノーベル賞を多く輩出し続けている分子生物学と全く同じ原理に基づいており、アレクサンダーは、分子生物学の分野で進化論を否定する科学者は皆無であると断言しています。まさに進化論は、疑いもなく、コペルニクスの地動説やニュートンの万有引力の法則、アインシュタインの相対性原理などと同じように、科学に基づいた立派な理論として確立されているのです。

そのようなわけで、現代の分子生物学が語る進化論について、できるだけ簡単に——もちろんこのことは、それほど簡単ではないのですが——述べていきたいと思います。

（3）年代決定の方法

宇宙物理学によれば、現在の宇宙は今から約138億年前に起こったビッグバンにより誕生しました。それは数千兆分の1秒という、超瞬間におこりました。今私たちが生きているこの時間と比べても、時間と呼ぶには余りにも短い時間ですが、138億年という時間に対しては、なおさらのことで、どう表現したらいいのか言葉もありません。そして、その後、今から約46億年前に地球を含む太陽系が誕生しました。ビッグバンがいつ起こったかについては、物理学的に計算されて予測されていましたが、ビッグバンと同時に発生したとされる宇宙マイクロ波背景放射の測定結果によって確認されました。

地球の年齢については、太陽系が生じた時に、地球と同時に多くの隕石も生じましたが、その隕石の中にある放射性同位体の組成から地球の年齢を計算することができます。この地球年齢の推定方法は、進化論における化石の年代推定にも使用されていますので、後で、もう少し詳しく説明いたします。

いずれにしても、これらの研究結果から、宇宙の年齢は137・99億年プラスマイナス210万年、地球の年齢は45・66億年プラスマイナス200万年と、非常に確度が高いものとして確定しています。

地球が誕生したとき、地球は火の塊で、もちろん生物が住める環境ではありませんでした。進化論によれば、その後、地球の温度が冷えてくるにつれて生命が誕生し、さらには進化していくわけですが、それらのあるものは、化石として地中に残されていきます。この進化をたどるためには、その化石がいつの時代のものであるかを調べる必要があります。

地質年代決定の基本は、新しい時代の岩石の層は、古い時代の層の上にあるという単純な理屈の上に成り立っています。特にそれが堆積層であって、その地層が後に乱されていない場合には、そう考えて間違いはありません。さらに、世界中の同じような地層が、その年代特有の何か特別なもの、例えばある生物の化石を含んでいる場合には、それらは同じ年代の地層であると考えられます。

しかし、これらによって、地層の相対的な年代を知ることはできますが、絶対的な年代を知ることはできません。絶対的な年代を知る方法として、現在、以下に述べる5つの方法が主に使用されています。

放射性同位元素による方法

放射性同位元素とは、同じ原子番号でありながら中性子の数が異なる放射性の元素を指します。多くの原子は、不安定な核（親核種）をもっており、それはエネルギーが低い状態（娘核種）に、一定の速度で自然に崩壊していくことが知られています。従って、もしも、ある岩石中の親と娘の比率が分れば、その岩石の年代を推定することができます。

この親—娘の関係にある、40以上の異なった崩壊速度、つまり半減期（以下Tと略記）をもった同位体システムが、岩石などの年代決定に使用されています。古い年代を測定する場合には、半減期が長いものが使用され、比較的新しい時代を測定する場合には、半減期が短いものが使用されます。

主なものとしては、半減期が長いものとしては、サマリウム147—ネオジウム143（T：1060億年）、ルビジウム87—ストロンチウム87（T：188億年）、カリウム40—アルゴン40（T：12.6億年）、ウラニウム235—鉛207（T：7億年）等が、そして短いものとしては、大気中にある宇宙起源の同位体であるベリリウム10（T：152万年）、塩素36（T：30万年）、炭素14（T：5715年）等です。

約46億年という長い地球の年代を決定する場合には、半減期が7億年のウラニウム—鉛系のようなものが使用され、動物化石などの比較的最近の年代決定には、半減期が5715年と短い炭素14のようなものが好適に使用されています。単一のシステムだけではなく、複数のシステムを用いることによって、年代決定の確度を高めることができます。

ミランコビッチ・サイクルによる方法

地球は、楕円形の軌道に従って太陽の周囲を公転していますが、この公転軌道の偏心率は10万年と41.3万年、自転軸の傾きは4万年、そして公転軸の歳差運動は1.9万年と2.3万年の周期で変化しており、これらの周期的な変化によって、日射量の周期的な変化がもたらされます。このことは、セルビア人の土木技術者であり数学者であるミルティン・ミランコビッチによって1930年に見出されました。「ミランコビッチ・サイクル」と呼ばれており、このような変化によって、日射量が増えると地球上の氷が解けて温暖化が始まり、日射量が減ると寒冷化が始まって氷河期になることが示唆されます。

地球は、このように温暖化と寒冷化を周期的に繰り返していますが、このことは、堆積した地層にも影響を及ぼし、過去3000万年にさかのぼって、地層の年代を決定することができます。現在は、氷河期と氷河期の間にある間氷期、すなわち、私たち現代人にとって好適な、温暖な時期に住んでいることになります。

ちなみに、現在問題になっている地球温暖化は、ミランコビッチ・サイクルから推定されるよりも格段に速い速度で進んでおり、二酸化炭素に代表される「温室効果ガス」濃度の上昇に起因しているとされています。このことは、「国連気候変動に関する政府間パネル（I

ＰＣＣ）」が警告しているように、まさに、私たち人類が直面している吃緊の課題となっています。

地磁気の周期的な変化による方法

地球の外殻を形成している流体は、地球の自転と共に電流を生じて、地球の自転軸とほぼ一致した双極子モーメントによる磁場を生じます。この磁場は、現在、北極に対してＮ極、南極に対してＳ極を指していますが、実は、この磁極は少しずつ移動しており、Ｎ極とＳ極は平均すると、過去100万年間に２〜３回逆転しているのです。このことは、世界中の地層を調べると、ある一定の時代に相当する地層の中に、逆の磁極を持っている岩石が含まれていることから分りました。

このような地磁気の逆転現象は、１９２９年に当時、京都大学教授だった地質学者の松山基範《もとのり》博士（1884~1958）によって、兵庫県の玄武洞の玄武岩の中で、世界で初めて発見されました。現在であれば、ノーベル賞級の大発見でしたが、当時は、見向きもされなかったということです。芸術はもとより、科学の分野においても、ガリレオの例でも見てきたように、時代の先を行く天才は、その時代には評価されないことをここでも見る思いがします。

地磁気の逆転の詳細な仕組みは、まだ詳しくは分っていませんが、このような地球外殻の流体運動の研究から、アフリカ大陸と南アメリカ大陸の大陸移動や、日本列島が過去において大陸と陸続きであったことなどに繋がる、プレート・テクトニクス理論が生み出されました。また、地震活動なども、この理論によって説明されています。さらに、この研究が進んでいくと、地震の予知が可能になるかもしれません。

それは別としても、ごく最近のことですが、千葉県の養老渓谷に見られる地層の中に、この逆磁極を持つ地層が見つかり話題になっています。恐竜が絶滅して哺乳類が栄えた新生代のうち、約77万年前から約12.6万年前の「第四紀中期更新世」という地質時代区分の基準となる地層、時代について、これまで名前がなく、同じような地層を持つイタリアの「イオニアン」と、いずれを採用するか争っていましたが、「千葉の時代」を意味する「チバニアン」という名称が国際地質科学連合において正式名称として採用されました。(注5)（次頁：表1を参照）。

年輪による方法

樹木の年輪は、一年ごとに増えていきますが、その幅はその年の気候変動によって一様ではなく、あるパターンを描いています。そして、その地域にある全ての木は、皆、同じパ

新生代	第四紀	完新世		現代～ 1.17 万年前
		更新世	後期？	1.17~12.6 万年前
			中期（チバニアン）	12.6~77 万年前
			カラブリアン	77~180 万年前
			ジェラシアン	180~260 万年前
	新第三紀	鮮新世、中新世、漸新世、等々	ピアセンジアン、ザンクリアン、等々	260~6400 万年前
	古第三紀			

表１　チバニアン（千葉時代）

ターンを描くはずです。よって、明確な年輪パターンの重なりを持つ若い木材から古い木材まで、その年輪を遡っていくことによって、個別の木材の樹齢をこえた年輪年表を作製することができます。

　このように、古い木材の年輪パターンを調べることによって、この年輪年表からその木材の年代を決定できることを、アメリカの天文学者であるA・E・ダグラスが１９０１年に見出しました。原理は簡単ですが、多くの木材を集め、数ミクロンという幅の年輪を顕微鏡で観察する、気の遠くなるような作業です。

　しかし、１年単位で正確に年代決定ができる画期的な方法のおかげで、比較的乾燥しているドイツでは、紀元前８４００年に遡って年輪年表ができています。

　日本においては湿気が多いのでそれほど昔に遡ることはできませんが、それでも過去３０００年に及ぶ年輪パターンが作成されています。実際に古代遺跡について、木材の年輪パターンから弥生時代に遡って年代が決定されています。

核層による方法

南極大陸やグリーンランドは、深さが数キロにわたって氷で覆われています。この氷の層を壊すことなく切り出した氷の柱（氷層コア）は、地球の気候や環境の変動を保存したタイムカプセルです。

地下３０００メートルから切り出された南極の氷床サンプルは、74万年前まで遡ることができ、その各層の氷柱の中の大気の組成や温度、塵や他の物質を調べることによって、その当時の気候変動や火山活動について知ることができます。これらは、先にあげたミランコビッチ・サイクルとも一致し、また他の情報から得られる火山活動や隕石の衝突時期とも一致して、その当時の地球環境を知る有力な情報を提供します。

その他にも、サンゴの成長年輪や、湖の堆積からも、年代と共に、様々な情報を得ることができます。

進化論を信じない一部のキリスト教徒は、聖書の記載から、地球の年齢は実際にはもっと若く6000年～1万年程度だと主張しています。しかし、上述したように、年代決定の方法は、化学と物理学を支配する法則や原理に基づいており、また、放射性同位元素による年代決定についても、放射性同位元素によるガン治療と同じ物理学の原理に依存しているのです。それらに加えて、これらの方法によって得られたそれぞれの情報は、互いに矛盾なく説明することができます。よって、このようにして得られた年代は、確度が極めて高いと言うことができるでしょう。

後で進化の過程を述べる際にも使用することから、地質時代区分を、次の表2にまとめて記しました。

(4) 生命体と非生命体

自然界にある物質は、全て無機物質あるいは有機物質からできています。

有機物質とは、炭素を必須元素とし、その他の元素、主には水素、酸素、窒素からできている化合物を指します。ダイヤモンドや鉛筆の芯として使われている黒鉛は、炭素からのみでできており、有機物質ではなく無機物質として分類されます。また、一酸化炭素や二酸化炭素（炭酸ガス）のような、簡単な炭素化合物も無機物質（無機物質とは、有機物質以外の全ての物質を指します。）として分類されます。

一方、自然界は「生命体」と、生命体でない物質、つまり「非生命体」からできています。それでは、「生命体」と「非生命体」の違いは、どこにあるのでしょうか。

「生命体」とは、文字通り生命を持っているあらゆるものを指し、動物や植物だけではなく、細菌や微生物などを含みます。基本的に有機物からなっており、それらの有機物が生命の仕組みによって、たくみに繋がれて、生命を維持しています。

「非生命体」とは、生命体以外の全ての物質、つまり無機物質はもとより、生命体でない有機物質も含みます。木の葉は、木に繋がっている間は、生命体の一部を構成していますが、地に落ちると、単なる有機物となり、「非生命体」として集められて火に投げ込まれるか（ヨハネによる福音書15章6節）、あるいは、やがては朽ち果てて、炭素、水、窒素化合物などに分解され、養分として、再び木などの植物に取り込まれていきます。

それでは、生命体の特徴である生命とは、いったい何なのでしょうか。もちろんここで議

地質時代		絶対年代（億年）	動物界		植物界	
新生代	第四紀	0.02	哺乳類時代	人類の繁栄	被子植物時代	被子植物の繁栄
	新第三紀 古第三紀	0.64		哺乳類の繁栄		
中生代	白亜紀	1.40	爬虫類時代	大型爬虫類（恐竜）と アンモナイトの繁栄と絶滅	裸子植物時代	被子植物の出現
	ジュラ紀	2.08		大型爬虫類（恐竜）の繁栄 鳥類（始祖鳥）の出現		針葉樹の繁栄
	三畳紀	2.42		爬虫類の発達 哺乳類の出現		ソテツ類の出現
古生代	二畳紀	2.84	両生類時代	三葉虫とフズリナ（紡錘虫）の絶滅	シダ植物時代	
	石炭紀	3.60		両生類の繁栄，フズリナの繁栄，爬虫類の出現		木生シダ類が大森林形成 裸子植物の出現
	デボン紀	4.09	魚類時代	両生類の出現 魚類の繁栄		
	シルル紀	4.36		サンゴ，ウミユリの繁栄	藻類時代	陸上植物の出現
	オルドビス紀	5.00	無脊椎動物時代	魚類の出現 三葉虫の繁栄		藻類の繁栄
	カンブリア紀	5.64		三葉虫の出現		
先カンブリア時代		46		原生動物，海綿動物， 腔腸動物などが出現		緑藻類の出現 シアノバクテリア類の出現 細菌類の出現

表２　地質時代区分と生物の進化(注6)

論する「生命」とは、例えば、「私は命である」（ヨハネによる福音書11章25節）と、イエスがお語りになったような聖書が語る「生命」とは異なった、純粋に生物学的な意味においての「生命」を指します。

「生命とは何か」こそが、生物学の究極の命題であり、もちろん簡単に論じることはできません。量子力学の創設者と言ってもよい、20世紀の紛れもない最高の物理学者の一人であるシュレディンガーは、彼の著書である「生命とは何か」において、細胞の仕組みを詳細に調べ、副題に「物理的に見た生細胞」とあるように、物理学の観点から生命を解き明かそうとしました。(注7) 例えば、テーブルにある小さなコップの中にある水は、コップを割ると流れ出します。このように世界のすべてのものは、秩序あるものから無秩序へ向かっており、これを物理学的に言えば、エントロピーが増大する方向へ向かっていると称しています。このことは、物理学の大原則で、高校の物理学でもおなじみの熱力学第2法則と呼ばれているものです。そして、その流れは、水自体の重力、表面張力、そして、テーブルの表面状態（なめらかさなど）、いろいろな条件のもとに、あるところで止まります。この状態を平衡状態と呼んでいます。ところが、生物は絶えず新陳代謝を繰り返して、自力で動けなくなる——すなわち平衡状態になる——ことを免れることによって、生命を維持しているのです。シュレディレガーは、このことを生物は負のエントロピーを餌として食べることによって生きているとしています。

一方、我が国の生物学者である福岡伸一は、このように絶え間なく動き、入れ替わりながらも、全体として恒常性（バランス）が保たれている、つまり「動的平衡」こそが、生命であるとしています。つまり、今ここにある私たち人間を含むあらゆる生物は、絶えず合成と分解を繰り返し、その瞬間、瞬間において常に新しくされ、異なるものに作り変えられていながらも同じであり――動的平衡――、よって、生命とは、「方丈記」冒頭のあの有名な一文、「ゆく川の流れは絶えずして、しかも、もとの水にはあらず」と書かれた川の流れのようなものであるとしています。(注8)

このような物理学、生物学的な定義は別としても、私たちが一般的に理解している生命とは、簡単には、次のように言えるのではないでしょうか。つまり、あらゆる生命体は、まず生まれることから始まり、ある期間生きたあと、死で終わる。そして、その個々の生命は終わるが、また同じような生命が生まれ、そして死ぬ。生きている時間は、通常は、微生物のような数十分から、長いものでカメのように数百年など、それぞれの生命体によって異なるが、そのような誕生と死が代々、継続して続いていく。

他方、「非生命体」には、そのようなダイナミズムはなく、角がある石が、雨風に打たれて丸くなるなど、形が変わることはあるとしても、石ころは石ころのままで、数千年、数万年にわたって、実体そのものは何ら変わることはありません。

実は、このような継続する「生命」の鍵を握っているのが遺伝子と呼ばれるものなのです。

(5)遺伝子とDNA——情報の伝達者

それでは、遺伝子とは何でしょうか。

遺伝子とは、私たち生命体が、それぞれの親から受け継ぎ、その受け継いだものを自己の生存期間にわたって発揮し、また次の世代に受け渡していくものです。どのような譬えも、完璧なものはないのですが、あえて譬えるなら、大学箱根駅伝競走におけるタスキに、代々の先輩たちによって書き込まれた、後輩たちへの貴重なアドバイスのようなものと考えると分りやすいかもしれません。もちろん、そのようなものが、実際に使用されているとは思われません。あくまでも仮定の話です。

伝統校として、そのようなタスキの中に書き込まれた、先輩のアドバイスを頭の中に叩き込んだ選手は、勢いよく走り出すと、そのアドバイスをいつも頭の中に描きながら自分の区間を全力で走り抜いた後、次の選手にそのタスキを渡します。そのアドバイスが書き込まれたタスキを受け継いだ選手は、同じようにそれを絶えず見ながら、懸命に走ったあと、後に続く選手に次々とタスキを渡していきます。その競技を終えた後、そのタスキは後輩に引き継がれていきますが、反省会において、有益な教訓が得られたなら、それらは新たなアドバイスとして書き加えられ、次年度においてそれはさらに生かされていくでしょう。うまくいかなかった過去のアドバイスは、赤い二重線がその上に引かれて、次年度から、それが使用されることはありませんが、記録としては確実に残ることになります。また、有用なアドバイスは、コピーされて、姉妹校である他校のタスキに書き込まれることもあります。

生命体における遺伝子とは、DNAという分子に書き込まれ、代々にわたって受け継がれ、また後の世代へ引き継いでいくと同時に、その生命体が生命体として、その時々にあって生きて行くための貴重な情報です。この駅伝競走の譬えで言うなら、遺伝子とは、伝統校として先輩から受け継いだ貴重なアドバイスであり、DNAとは、それが書き込まれたタスキということになります。また、二重線で消されたアドバイスのように、現在は有用でなくても、過去において記録された遺伝子も、次世代へ引き継がれるので、先輩たちの過去の活躍の歴

史を知ることができます。（ちなみに福岡伸一は、遺伝子が書き込まれたＤＮＡを楽譜、生命活動を演奏に譬えています）

このように、遺伝子とは、生物が発展し機能するために必要な情報を提供するＤＮＡの断片であり、これらが繋がったものがＤＮＡということになります。

このＤＮＡは英語のアルファベットで、それぞれがＡ、Ｃ、Ｇ、Ｔ（Ａ＝アデニン、Ｃ＝シトシン、Ｇ＝グアニン、Ｔ＝チミン）という略号で表される、４個のヌクレオチドと呼ばれるもので構成されています。遺伝情報は、これらの記号が暗号のようにして、いろいろと組み合わされることによって成り立っています。これはデジタル情報が、ゼロと１の二つの数字の組み合わせによって構成されているのと同じようなものです。

人間のＤＮＡは、およそ30億個にも上るこの４種類のヌクレオチドが、様々な組み合わせで繋がって構成されています。このＤＮＡは、細胞の中の細胞核の中にありますが、取り出すと長さがおよそ２メートルほどにもなります。このような巨大な分子は、数ミクロンという顕微鏡でしか見ることができない、ごく小さい細胞核の中にみごとに畳み込んで収納されています。このようなことをアレクサンダーが大学の一般生物学の講義で話したところ、もちろん宗教的なことは一切語らなかったにもかかわらず、そのような驚くべき美しい業《わざ》の中に直観的に神を見出し、受洗を決意した理系の女子学生のことが、彼の著書の中に書かれています。多くの宇宙飛行士が果てしない宇宙空間にくっきりと浮かぶ美しい地球を見、また詩編作者が夜空に輝く月や星を見上げながら神の創造の業に思いを馳せた、と前に書きましたが、この女子学生はミクロの世界に神を見たのです。

ちなみに、私たちの人間の体には、約10の13乗個の細胞があるので、私たちの体の中にあるDNAを全部つなぎ合わせると、月まで八千回も往復できるほどの長さになります。

このように目には見えないミクロの世界から途方もなく広大なマクロの世界まで神の業は及んでいることに改めて驚かされます。

このようなDNAの中に、私たち全ての生物が生きていくためのそれぞれの情報が、四つの暗号記号の組み合わせによって記録されているのです。

あらゆる生物、つまり、細菌から植物、動物に至るまで全ての生命体は、繋がったヌクレオチドの数やその繋がり方において、それぞれの種に応じて異なりますが、その根本において、このような同じ暗号システムからなるDNAによって生命が維持されているのです。そればかりか、生命の基本である細胞も、細かい点においては違いがあるとしても、その基本構造・システムは、あらゆる生命体において同じで、またその上に、後で詳しく述べますが、多くの生命体は同じDNA断片をいくつも共有しているのです。

これらのことから、全ての生命体は、同じ根に連なっていることが分かると思います。そして、進化とは、一粒の種《たね》から出た苗木が成長し、その成長につれて枝や葉に分かれていくように、同じ根から枝分かれをしながら様々な種《しゅ》へと多様化していくプロセスであることも理解できると思います（図2）。

この図2にある樹木は、いかにして生物の進化が起こってきたかを最も端的に示すもので、大人ばかりではなく、子どもたちにも馴染みが深いものです。

童謡に『手のひらを太陽に』（やなせたかし作詞）というのがありますが「ミミズだって、オケラだって、アメンボウだって……友だちなんだ」と歌われているように、まさに細菌から昆虫、植物、動物、そして人間を含めて、この地球上に住む、ありとあらゆる生物——数千万にも上る生物種があると推定されています——は、それぞれ異なって進化してはいるものの、生命の基本システム——四個のヌクレオチドの組み合わせによる遺伝情報が基本となっている——が同じであることから、疑いもなく、みんな同じ木に繋がっている家族なのです。

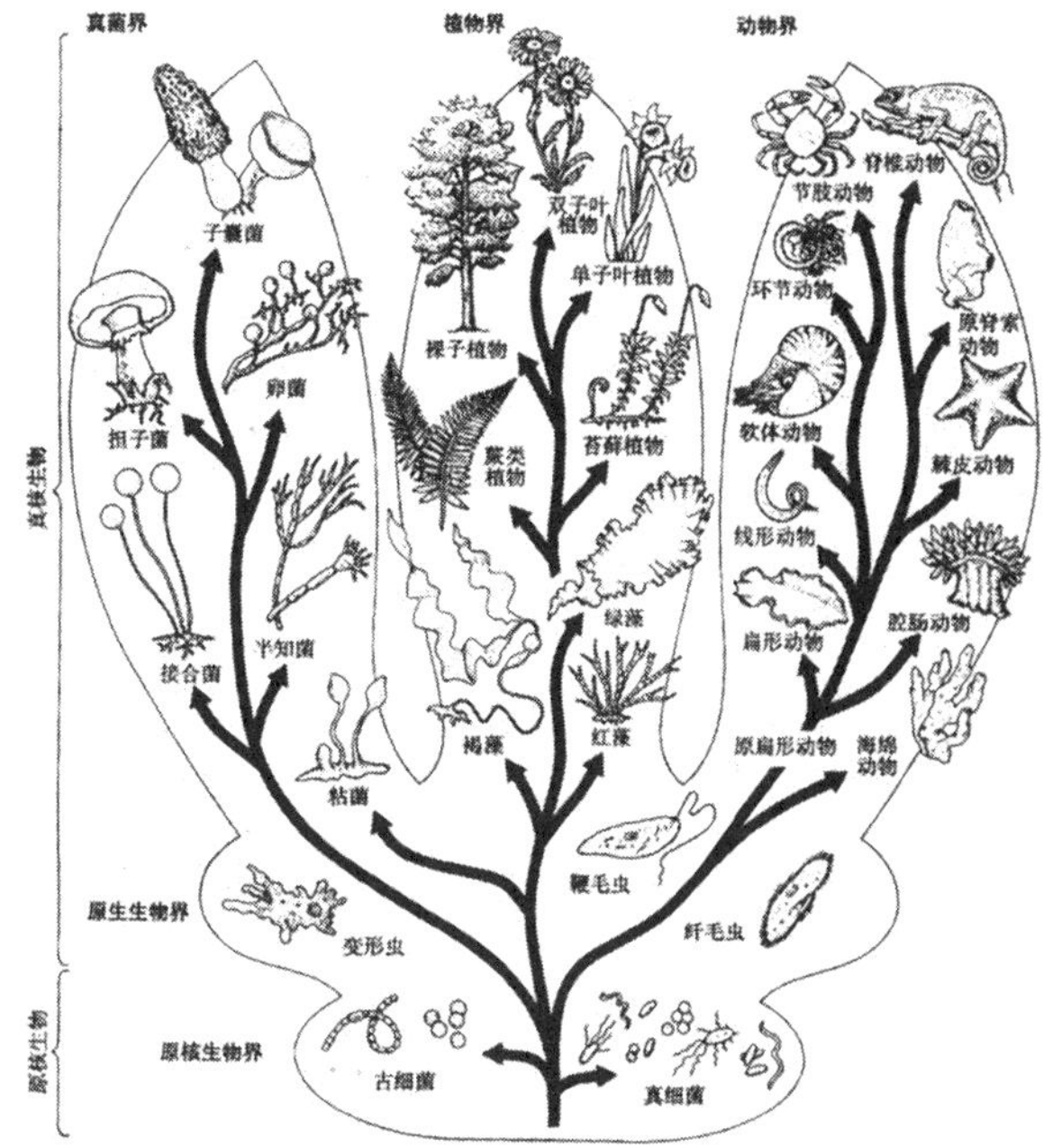

図２　進化の木(注9)

そこで、駅伝のタスキに譬えられるDNAと、そこに書き込まれたメッセージに譬えられる遺伝子について、もう少し、詳しく見ていきたいと思います。

DNAには、様々な遺伝情報が含まれていますが、それらの遺伝子のうち、最も早くから知られているものが、生体を構成し、それが適切に働くことを可能にする様々な蛋白質が書き込まれた遺伝子です。蛋白質は多数のアミノ酸が鎖状につながった生物固有の物質で、生きた細胞の中で合成されますが、それ自体で生体を構成するもの、あるいは酵素などとして様々な機能を持つものなど、生命現象の発現のために利用されます。

ここで、アミノ酸はそれぞれ異なった名前で呼ばれるものが天然には20種類存在しており、蛋白質とは、これらの異なったアミノ酸が、それぞれの蛋白質の機能に応じて異なった配列でビーズのように、多数連なったものです。

このように生体において重要な役割を果たしている蛋白質を構成するアミノ酸は、遺伝子の中では、暗号のように、それぞれが、前でも述べたA、C、G、Tの4個のヌクレオチドの内から3個の組み合わせ——これをコドンと呼んでいます——によって記録されています。例えば昆布のうまみ成分として知られているグルタミン酸のコドンはGAA、アミノ酸サプリメントとして使用されているアルギニンのコドンはAGAという具合にです。

従来、遺伝子と言えば、この蛋白質を作るための遺伝子を指していましたが、実は、特定の蛋白質を作るこれらの遺伝子は、人間の場合、21000個ほどしかなく、これはDNA全体の2パーセントにしか過ぎません。

これまで、蛋白質をコードしていない残りの遺伝子は、「ガラクタ」遺伝子として、見過ごされていましたが、最近になって、様々な役割を担っていることが分ってきました。例えば、これらの蛋白質の量や、作られる時期を制御するための役割を担うものです。言わば、スイッチのようなものと考えてよいでしょう。必要に応じてスイッチがオンになると蛋白質が作られ、オフになることによって、その作成が停止します。

その他にも、ウイルスや細菌によって生命体が攻撃されると、直ちにオンになって、防御をするためのあらゆる準備をする遺伝子があります。また、ガン化や老化に関するスイッチングの仕組みに関する遺伝子についても、いろいろと明らかになってきています。

DNAは2本の鎖が一つのペアとなって、細胞核の中で、あの有名な二重螺旋構造をとっています。

先にも書きましたように、私たちの体の中では、毎秒、何百万という細胞が分裂していますが、細胞が分裂する時には、この二本のDNAの鎖が解かれて、それぞれが自身のコピーを作って、新しい二重螺旋が作られていきます。

細菌のような無性生殖においては、このように細胞が2個に分裂することによって、DNAも単純に2個に分裂し、それぞれに対応するコピーを作って、遺伝子情報が次世代に引き継がれていきます。一方、動物や植物のような有性生殖においては、仕組みは無性生殖とは異なりますが、生殖細胞において、やはり親のDNAが、子に引き継がれていくことになります。

それでは、「進化」はどのようにして起こるのでしょうか。

そこには、DNAの「変異」と、そこで生じた「変異体」が、「自然選択」を受けるという二つの重要なプロセスが関係しています。そこで次に、「変異」と「自然選択」について、述べていきたいと思います。ここで「進化」、「変異」、「変異体」に関する用語についての注意点は、前に述べた通りです。

(6) 変異と自然選択

DNAは前にも述べたように、それぞれがA、C、G、Tというアルファベット記号で表される四種類のヌクレオチドが組み合わさってできていますが、その長いDNAの分子鎖のある部分において、例えばAがCに置き換わる、あるいはAが脱落する、さらにはAとGの間にTが割り込むという具合に、DNAが変化する——分子生物学では、この変化を「変異」と呼んでいます——ことによって進化が起こります。

ここにあげた例は、長いDNA鎖の中で、一個のヌクレオチドにおいて変異した場合ですが（このような変異を「点変異」と呼んでいます）、いくつかのヌクレオチドが連なった、ある特定のＤＮＡ断片が、まるごと置き換わったり、脱落したり、あるいは挿入されることによっても起こります。

一個のヌクレオチドが変異する点変異は、実験室で、外部からの刺激によって引き起こすことができます。外部刺激の典型的なものは、放射性物質による被ばくです。病気のガンなども、このようなＤＮＡの変異によって引き起こすことができます。原子爆弾や原子力発電所での被ばくはよく知られている通りです。発ガンを起こすものとしては、放射性物質以外にも、紫外線、タバコ、食品（例えば焼き魚の焦げた部分）、ある種の化学物質など、多くのものが知られています。

このような原因による変異は、ＤＮＡが損傷することによって、ガンばかりではなく、様々な病気を引き起こします。しかし一方では、非常に稀ですが、外部刺激による変異が、生命体にとってより好ましい結果を与えることもあります。

地球上の生命体は、太陽からの紫外線をはじめとして、このような外部刺激にいつもさらされており、このような変異が、いつ起こるか、あるいはＤＮＡのどの部分で起こるのかは、将来、科学が発達すれば別ですが、現在の生物学ではまだ予測はできません。まさに、「偶然」によって支配される、「突然変異」ということになります。多くの人が、進化論は偶然による突然変異であると語るとき、それらの人の頭の中にある進化は、このようなプロセスを指していると思われます。

ところで、「偶然」について、作家の三島由紀夫は、彼の小説の中で、次のように書いています。

偶然という言葉は、人間が自然の無知を糊塗しようとして、もっともらしく作った言葉だよ。偶然とは、人間どもの理解を超えた高い必然が、普段は厚いマントに身を隠しているのに、ちらとその素肌の一部をのぞかせてしまった現象なのだ。人知が探り得た最高の必然性は、多分天体の運行だろうが、それよりさらに高度の、さらに精巧な必然は、まだ人間の目には隠されており、わずかに迂遠な宗教的方法でそれを揣摩しているのにすぎないのだ。(注10)

進化が「偶然」に基づいた突然変異によるものとされる時、このような三島の鋭い洞察も、頭の隅に入れておくべきでしょう。「一羽の雀さえも、神の許しがなければ地に落ちることはない」(マタイによる福音書10章29節)、また、「あなたがたの髪の毛も、神によって一本残らずに数えられてある」（同30節）とあるように、聖書は、この世のことは全て、神の主権の下にあると記しているのです。

DNAの変異においてさらに重要なことは、変異は、このような外部刺激による点変異ばかりではなく、生命体における細胞活動そのものによっても頻繁に起っているということです。

私たちの体では、細胞が絶えず分裂していますが、その都度、元の細胞のDNAは、次の細胞へと複製されて受け継がれていきます。前にも述べたように、人間には、10の13乗個の細胞があり、それぞれの細胞には、一個の長さが二メートルもあるDNAが含まれています。そして、毎秒、何百万という数の細胞が分裂しています。細胞分裂に伴って、このDNAは次の世代の細胞へと複製されて、遺伝情報として保存されます。従って、私たちの体の中では、毎分、何千キロという長さのDNAが複製されていることになります。私たちは、まさに歩くコピー機と言ってもよいでしょう。

このDNAの複製は、コピー機のように自動的なので、通常は、誤ってコピーされることはないのですが、これだけの膨大な数のコピーがなされると、当然のことながら、時としてミスコピーが発生することになります。このようなミスコピーは、点変異のようにある特定のヌクレオチドに起こるだけではなく、いくつかのヌクレオチドが連なった断片が、置き換わったり、脱落したり、あるいは挿入されることによっても引き起こされるのです。

変異は、また、ウイルスによっても引き起こされます。ウイルスとは、DNAのような核酸と、タンパク質の殻からのみなる粒子で、細胞を持たず、それ自体では増殖することはできません。そういう意味では、生命体には属していませんが、他の生命体の細胞の中に入り込み、その遺伝子製造システムを利用して自己の遺伝子を増殖させることができます。

この地球上には、実に10の31乗個ほどにも上るウイルス粒子が存在すると推定されています。インフルエンザ・ウイルスのように、病気を起こすものもありますが、同時にプラスの効果をもたらす場合もあります。大部分のウイルスは人間には無害で、人間のゲノム（生命体の遺伝情報が記録されているDNAの中にあるヌクレオチド配列の全体）の実に八パーセントは、このウイルス由来であると言われています。

その他、変異は染色体の遺伝子間におけるDNA断片の組み換えによっても起こります。

進化論に反対する人たちがその根拠として、よく持ち出すのが、進化論は実験室で検証できないということでした。しかしDNAの点変異はおろか、DNA断片の挿入や脱落、組み換えなど、いろいろな遺伝子操作は、今や実験室で容易に行うことができ、実際、植物や動物の品種改良等に、これらの手段は日常的に用いられているのです。このことからも、進化論は実験で検証することができない仮説だとして、退けることはできないでしょう。

このように、生命体の中では、いろいろなタイプのDNA変異が頻繁に起こっていますが、それらの変異が全てそのままで、次の世代に引き継がれていくものではありません。そこには「自然選択」というフィルターが働いて、その変異が、その個体にとって不利かどうかの判断がなされます。

不利な場合には、そこで除かれて、その後の世代に引き継がれることはありませんが、その「種」の繁殖にとって有利な遺伝子情報は、やがてある特定のグループに共有され、その「種」自体における進化となり、あるいは新しい「種」の形成へと繋がっていくことになります。

また、特に不利にならない限りは、それらの遺伝子情報は除去されずに、自然選択のフィルターを通り抜けることができます。その結果、それら有利な遺伝子情報ばかりではなく、機能が不要になったり、不全になった過去の遺伝子や、ウイルス由来で無害な遺伝子も、その後の世代に引き継がれていくことになります。これらのことは、駅伝競走のタスキのところで述べた通りです。

このようにして、今あるDNAの中には、その生物が過去に持っていた、いろいろな遺伝子が蓄積されることになります。堆積した地層の中から発掘される化石によって、進化の歴史を辿ることができるように、現存する生物が持っているDNAの中の遺伝子を調べることによって、その生物の進化の歴史をひもとくことが可能になります。DNAが、しばしば「遺伝子化石」とも呼ばれる理由は、このことに由来しています。

(7) 自然選択のもう一つの意味

これまで、DNAの変異は頻繁に起こっていること、しかもその大部分は、生命の仕組みそのもの、あるいはウイルスに由来しており、「偶然」による「突然変異」は、それらの変異のごく一部でしかないことを述べました。

しかも、無害な変異は別として、変異が後世に積極的に受け継がれていくためには、多くの変異のうちでも、変異がその生物種にとって有利な場合のみであり、そこには「選択」というフィルターが入っていることも述べました。アレクサンダーは、このことを、種《たね》は多く蒔かれるが、よい土地に蒔かれた種だけが、実を結ぶというイエスが語った「種を蒔く人」の譬え（マルコによる福音書4章14～20節）と相通じるものとして紹介しています。

私たちは、それぞれの人生の歩みの中で、時々刻々、意識しているか否かにかかわらず、あらゆる選択肢の中から一つだけを選択をしながら日々を生きています。人生の最終章で自分の一生を振り返った時、一番いい選択をして生きてきたと思える人生を送った人は、幸いであるというべきでしょう。もしもその人がキリスト者なら、そこには、いつも神が共にいて、導いてくださったことに思いを馳せ、感謝の思いを抱くのではないでしょうか。

まさに、進化も、その時々において、神がベストの選択を与えられた結果であると言うことができるでしょう。聖書に、神は、それぞれの生物を含む森羅万象を6日間の創造の業を通して創ったと記されていますが、「主のもとでは、一日は千年のようで、千年は一日のようです」とあるように（ペテロの手紙二3章8節）、進化論が示す生物多様化は、まさに数十億年にもわたる、神による絶え間のない多種多様な生物創造のプロセスなのです。

もしも進化が、ただ単に、より高度な機能獲得のプロセスであるとするなら、それぞれが化け物のように、見た目にもグロテスクに進化することはあっても、今見られるような美的にも素晴らしい生物の多様性がもたらされることはなかったでしょう。蝶や野の花々は、なぜあのように、様々に美しく進化したのか、森の木々はそれぞれが異なって、しかも四季折々、なぜあのように美しいのか、進化のプロセスにおいて、神の芸術家としての働きが関与していることを認めないわけにはいかないでしょう。イエスも「空の鳥、野の花を見なさい」と語っておられる通りです（マタイによる福音書6章26節、28節）。

創世記第1章において、神は、天地とあらゆる生物を創られ、その都度、「良し！」と満足され、そして6日間の創造の御業のあと、その全ての結果に対して「極めて良し！」と、深く満足されたと記載されています。神は、地球の46億年にわたる、あらゆる進化の場面において、それぞれのプロセスに深く関わっておられたに違いありません。神は、「岩場の山羊が子を産む時を知っており、雌鹿の産みの苦しみを見守っておられる」（ヨブ記39章1節）と、聖書が記していることに注目したいと思います。

いずれにしても、神が数千万種にも及ぶ生命体を、創世記の字義通り、わずか数日の間に創られたとするなら、その間、毎分、毎分、数千、数万にも上るそれぞれの生物種を創らねばなりません。神がいかに万能であるとしても、どのようにして創るのでしょうか。これでは神は、芸術家どころか、目が回るような超高速で回転する新聞印刷のための輪転機のようなもので、粗製乱造のそしりを免れ得ないでしょう。

もちろんそうではなく、「あなたは陶工、わたしたちは皆、あなたの御手の業」（イザヤ書64章7節）とあるように、私たちを含む全ての被造物は、芸術家としての陶工がそれぞれの作品を造るように、たっぷりと時間をかけて、手ずから土を練り、慈しんで創った、神ご自身が「極めて良し！」と満足された神の傑作なのです。

(8) 遺伝子化石

DNA遺伝子を調べることによって、進化の跡をたどることができると前に述べましたが、数多くある例のうちから、いくつか例を挙げて、このことについて、もう少し詳しく見ていきたいと思います。

生命体の遺伝情報が記録されているDNAの中にあるヌクレオチド配列の全体は、ゲノムと呼ばれていることは前に述べた通りですが、今や、人間を含めて多くの生物種のゲノムが明らかになってきています。「遺伝子化石」と呼ばれているように、ゲノムは、それぞれの種が過去において獲得した遺伝情報を今も大切に保存しており、そのゲノムを調べることにより、それぞれの種がどのようにして進化してきたか、そのプロセスが解るようになってきました。私たち人間の進化の歴史も、私たちの全ての細胞の中にあるDNAの中に、消えることなく、しっかりと刻み込まれているのです。

例えば、人間のゲノムの中には、ニワトリが持つ産卵遺伝子と同一のものが見られます。このことは、はるか遠い昔に、人間とニワトリが同じ先祖であったことを示唆しています。人間は進化の過程を通して胎盤性動物になり、もはや産卵遺伝子は不要になりました。その結果、この遺伝子の制御遺伝子がオフになって、もはやその働きは止りました。しかし、このことは、私たちが歴史ツアーで遺跡を見学するように、ゲノムの中に、私たちの進化遺跡として今も見ることができるのです。

別の例では、全ての哺乳類は約千個の同じような嗅覚遺伝子を保有していますが、人間の場合はこれらの内の63パーセントは、スイッチがオフになって、現在働いていません。一方サルでは、その割合は5パーセント、マウスでは20パーセントです。このことは、人間は、嗅覚以外の他の官能感覚が発達した結果、生きていく上で、サルやマウスに比べて嗅覚に頼る必要性が減じた結果であるとされています。

また、人間は、サルなどと同じ尾を作る遺伝子を持っています。初期胎児発達の期間に、レントゲンではっきりとその成長を確認することができます。しかし、この遺伝子は、ある程度まで尾が成長するとスイッチオフされて、それ以上成長することはありません（非常にまれに、尾がそのまま成長する場合がありますが、手術によって取り除くことができます)。

霊長類のゲノムを詳細に調べていくことによって、我々人間が、他の霊長類から、どのように分れてきたかを知ることができます。

例えば、人間において、もはや働かなくなった嗅覚遺伝子のうちの一つのものは、何百というアミノ酸に対応するヌクレオチドの内のわずか一つを除いて、チンパンジー、オランウータン、テナガザルのものと全く同一です。このことから、人間はこれらの類人猿と同一の先祖を持っており、そのグループから分かれてきたことが分かります。

また、Aluと呼ばれる数百個のヌクレオチド断片は人間、チンパンジー、ゴリラにはあるものの、オランウータンにはありません。このことから、Aluは、人間、チンパンジー、ゴリラのグループ(ヒト亜科)とオランウータンが共通の先祖から分れた後に、このグループのDNAの中に挿入されたことが示唆されます。

さらに、類人猿のゲノムの中には多量のAluがありますが、その大多数は、人間とチンパンジーで共通のものです。このことは、人間、チンパンジー、ゴリラからなるヒト亜科は、さらに人間とチンパンジーのグループ(ヒト族)とゴリラに分かれたことを示唆します。そして、人間とチンパンジーが共通の先祖から分かれて、現在に至ったということが分かります。これらの関係を図3に示しました。

このように、私たちは、ニワトリや他の類人猿と共通の遺伝子を持っていますが、このことは、私たちが、身体構造的に、彼らの直接の子孫であることを意味するものではなく、私たちの血統と彼らの血統は、過去のある時から、それぞれ別個に分かれて進化したことを示すものです。ここでは、数多くある「遺伝子化石」のうちから、わずかの例を示したに過ぎません。

「進化」という言葉には、より進歩したものへの変化というニュアンスとしてのバイアスがかかっていると前にも述べましたが、進化論を利用する様々な「~イズム」や「~主義」は、多くの場合、このバイアスに依りかかっていると言えます。しかし、実際には、進化論において「進化」と呼ばれているものは、これまで述べてきたように、単に、生物の多様性を生み出すプロセスなのです。

ちなみに、前にも述べたように、人間はDNAの中に30億個のヌクレオチドを持っていますが、他方、玉ねぎは、170億個のヌクレオチドを持っています。一方、フグは3.4億個ですが、別の魚であるプロトプテルス・エチオピクス(まだら模様の肺魚)は、その約400倍の1300億

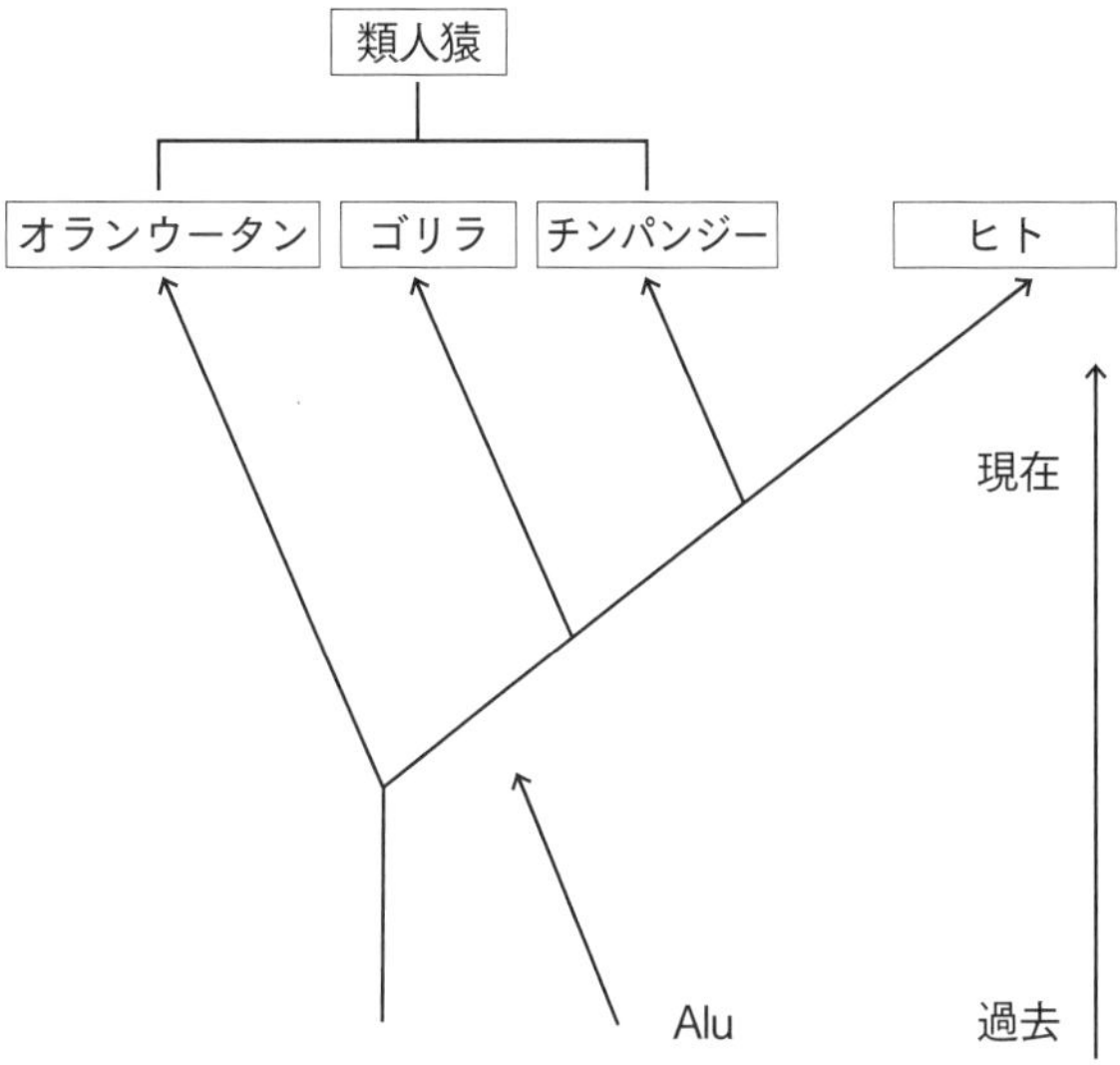

図3　ヒトの進化

個のヌクレオチドを持っています。果たして、玉ねぎは人間よりも「進化」している、あるいは、この肺魚は、人間はもとよりフグよりよりも「進化」していると言えるのでしょうか。

別の例で、水辺での食物連鎖の頂点を占める爬虫類のワニは、哺乳類の動物を食べます。また、アマゾンの川や湖に住む魚類のピラニアも同様です。ライオンは、アフリカの大草原に君臨する百獣の王です。しかし、これら捕食動物のいかなるチャンピオンも、細菌や寄生虫などによって、その生命を失います。もちろん、人間であっても例外ではありません。ＨＩＶウイルスや新型コロナウイルスのように、生命体としての分類も憚られるウイルス——DNAやRNA（DNAと同じように遺伝子情報を持つ）を持ってはいるが、それ自体で増殖することができない——によってさえも、命を失ってしまうのです。

これらの例においても、いずれがより「進化」していると言うのでしょうか。イエスも、野に咲く花を指して、「栄華を極めたソロモンでさえ、この花の一つほどにも着飾ってはいなかった」と語っておられるのです（ルカによる福音書12章27節）。

ダーウィンは、「種の起源」の初版で、「evolution ＝進化」という言葉は全く使用しておらず、その一方で、「創造」、「創造主」、「創造する」という言葉を、少なくとも104回も使用しているそうです。創世記第1章で、神はあらゆる生物を創造したと記されていますが、神の創造は、今日的言葉で言い換えると、生物の多様性をもたらす創造と言うことができるでしょう。

第3章　進化の歴史

(1) 生物の進化

画家のゴーギャンに、「我々はどこから来たのか、我々は何者か、我々はどこへ行くのか」と題する有名な絵があります。

私たち人間を含めて、このような多種多様な生物がいかにして出現してきたのか、地球の46億年の歴史を24時間とみなし、その始まりを午前零時、そして、私たちが生きて生活している現在のこの時を、その24時間後にあたる真夜中の12時とみなし、その間のプロセスを進化というレンズを通して、鳥瞰図のように眺めてみたらどうなるのでしょうか。以下において、前出の表2も参照しながら、進化の歴史をこのような時間軸で辿ってみたいと思います。

午前零時から最初の数時間――とは言っても、実際の地球時間は約5億年もあるのですが――は、巨大な隕石の衝突が地球に対して頻繁に起こり、高温とその衝突によってもたらされる物凄い衝撃のエネルギーによって、生命が生み出されるような状況ではなかったと思われます。それらの衝突のあるものは、もしも現在起こったなら、今ある生命は、全て滅び尽くされるほどのものであったと推定されています。

実際に、最初の生命体――つまり第2章（4）で定義したようなもの――がどのようにして生じたのかは、まだ分かっていません。現在、この分野の研究も盛んにおこなわれているので、いずれは解明されることでしょう。

隕石の頻繁な衝突が収まるにつれて、高温下、太陽からの放射線や紫外線、雷による放電などによって、生命体を構成するアミノ酸（C、H、O、Nから構成される）などの有機物質が、炭素（C）や窒素（N）、そして酸素（O）と水素（H）からなっている水（H2O）などから、作られるようになり、それらが地球に満ちあふれるようになったと考えられます。

太平洋と南極海の海嶺に多く見られる、熱い火山ガスが噴出する熱水の放出口には、そのような場所独特の豊かな生物系が見られます。そしてそのような場所の沈積層から、35億年前の微生物化石が見出されています。また、今日の実験室における実験で、高温、放電、紫外線など、地球が誕生した初期の環境を模した種々の条件下において、二酸化炭素（CO2）、一酸化炭素（CO）、窒素、水蒸気などのごく簡単な化合物から、アミノ酸を含む種々の生命体を構成する有機化合物が合成され得ることが、実際に確かめられています。

地球の温度が冷めてくるにつれて、生命体の遺伝情報を担う暗号記号としてのヌクレオチドと、それらが鎖状に繋がったDNAが作られるようになりましたが、これらがどのようにしてできたのか、これについても、まだ確かなことは分かっていません。

ある種の有機化合物は、重合してポリマーと呼ばれる巨大分子になりますが、これらのあるものは、水を加えて超音波などの刺激を与えると、それまで運動場で勝手に遊んでいた小学生が、先生の笛によって、たちまちに集まって輪をつくるように、水中でそれぞれが集まって、極めて組織化された小胞体を作ることが分かっています。

このような小胞体のうち、リン脂質によって作られた小胞体をリポソームと呼んでいますが、リポソームを含む水の中に、蛋白質を構成する有機化合物を薄い濃度で加えると、それらがリポソームの中に濃縮して取り込まれ、実際に蛋白質が合成されることが実験室で見出されています。また、簡単な化合物から、実験室において、ある種の条件下でＤＮＡが合成できることも報告されています。

このようにして、生命体を構成するアミノ酸、ヌクレオチド、ＤＮＡなどの基本単位が、地球の初期の環境下で作られたものと思われます。しかし、有機化合物やアミノ酸を含んだ炭素質の隕石も見出されていることから、これらが地球の外からもたらされた可能性も否定できません。

いずれにしても、単純な形の生命体が、それらの有機物質から現れたのは午前2時40分頃です。

おおよそ午前5時20分までには、単細胞生命体（原核生物）が現れ、藍色細菌（青緑色藻）が海に広がって、広大な海の世界の色が変化し始めます。これは、数ミリから10メートル以上にわたる地球上で最も初期のバクテリアの化石堆積層として残されています。この化石層は、ストロマトライトとして知られているもので、バクテリアが細胞表面で巨大なコロニーとして成長し、細胞の上または細胞の間に沈殿して無機化して何層にも積み重った層構造を持っています。ストロマトライトは、オーストラリアのパースの近くなどの海で、光合成をする藍色バクテリアから、今日においても依然として作られています。

しかし、核を持った単細胞生命体（真核細胞）が現れたのは、ようやく24時間のおよそ半分が経過した、昼の12時頃でした。このことは、核を持った細胞の化石から、確認されています。

さらに多細胞生命体が海に現れたのは、それからかなり時間が経った、既に日も暮れた夜の8時15分頃のことでした。この後、ようやく生物の進化は急に足取りを早めることになります。その30分後に、それまで、全ての生命は海の中だけでしたが、シアノバクテリアや緑色藻が陸上にも現れました。この結果、今日、宇宙から見える、あの青と緑の美しい地球の色が出現したのです。

この頃の化石――クラゲや蠕虫《ぜんちゅう》のような柔らかい水生動物――が、エディアカラ紀の名前の起源となったオーストラリアのエディアカラをはじめとして、カナダのブリティッシュ・コロンビア州にある、カナディアンロッキーのバージェス峠の黒頁岩にその名前が由来するバージェス頁岩や、中国の雲南省の徴江などで見られる同様の頁岩化石層で発見されています。

その頃、あるいはそれ以前に、体勢の左右対称――動物に特徴的な左右の腕や足の鏡像関係

——が出現し始めました。最初の「左右相称動物」と総称される動物が、中国の貴州省で6.0〜5.8億年前の岩石から発見されています。これらの小さな生物は、当時海底を覆い尽くしていた微生物を餌として、泳ぎ回っていたと考えられています。

午後9時10分頃には、生物の多様化が一気に起こりました。手足、触角、目、尾を持った複雑な動物が、急に多く見られるようになってきました。これが動物の進化におけるビッグバン、つまりカンブリア爆発と呼ばれるものです。骨格や他の固い部分が進化するにつれて、節足動物や脊索《せきさく》動物（背骨を持っている動物）など、化石として残された数も急激に増え、さらには、化石の質も向上しました。三葉虫のような節足動物の化石が現れたのもこの頃です。

同様に、化石記録から、植物の進化が広範囲にわたって起こったことが分ります。胞子化石は、おそらくそれよりかなり以前からと推定されていますが、この頃の岩石に現れています。それから間もなく、単に胞子ではなく、最も古い完全な植物の化石が見出されています。最も古い陸生植物には根や葉がなく、枝分かれした幹だけで光合成が行われていました。

午後9時58分にデボン紀の大量消滅が起こり、その後に、陸生動物、両生類、昆虫が現れ始め、爬虫類が地上を動き始めます。その後、小惑星の衝突や火山の爆発、温暖化など、様々な原因が推定されていますが、そのことによって起こった、いわゆる石炭紀には、葉によって光合成をするシダやそれに類した植物が繁茂することになります。

そして、午後10時40分頃に、古生代の終りを告げる大量消滅が起こります。いわゆるペルム紀に起こった「種」の大量消滅です。それまでの温暖な気候などに順応していた動物、植物、水生動物が、急激に消滅していきました。これは極めて大規模で、数万年にわたって起こり、実に9割にも近い「種」が消滅したとされています。石炭紀に栄えていた植物類は、大量に地中に蓄積し、その上に堆積した岩石層の巨大な圧力が加わって、私たちが今日、恩恵を受けている化石燃料へと変化していきました。

この後にも、地球の歴史は、環境の激変による「種」の大量消滅を繰り返しています。大規模なものだけでも過去5億年の間に5回あり、それらは、いわゆる5大消滅と呼ばれています。それらの大量消滅により、地球上にいた全ての「種」の99パーセント以上は、消滅したとされています。それまで生息していた種の大部分がいなくなることによって生じた空白は、その環境に応じた新しい生命体への道を開きます。このことによって、さまざまな環境に適応して、非常に多くの新しい生命体への多様化、つまり、進化において知られている

「適応放散」への機会が開かれていくことになります。

午後10時10分ごろ、つまり三畳紀には、初期の哺乳類や恐竜が出現します。陸上においてこのカタストロフィを生き延びた数少ない動物の一つに、ずんぐりした樽型の胴体と短い四肢で、イノシシほどの大きさをもった、リストロサウルスという名の哺乳類様の爬虫類がいます。しかし、後期三畳紀の大量消滅として知られるカタストロフィによって、これらの大部分は消滅してしまいます。

午後11時を過ぎた頃、ジュラシック・パークの映画などでお馴染みのジュラ紀が始まります。恐竜が世界の支配者となり、始祖鳥が飛び廻っていたのはこの頃です。その後に続くのは、典型的にはドーバー海峡で見られる405メートルという巨大な白亜層で知られる白亜紀です。白亜は、プランクトンと呼ばれる非常に小さな単細胞の海洋生物が、無数に集まって固められた石灰岩の一種で、この厚さに達するまで3500万年かかったとされています。白亜紀の白亜は、不純物が少なく、他の石灰岩に比べてより白いので、黒板に使用されるチョークとして利用されています。顕花植物が現れ始めたのも、この頃です。

白亜紀の後、午後11時39分に、再び地球は、白亜紀と第三紀の境界、つまりK—T境界消滅として知られるカタストロフィに見舞われます。大量消滅が起って、恐竜は消滅してしまいます。このカタストロフィの原因は、まだ正確には分っていませんが、メキシコ湾のユカタン沿岸の堆積地帯の下に見られる巨大なクレーターから、直径が15キロメートルにも及ぶ巨大な小惑星が衝突して、地球環境が激変した結果ではないかという見方が有力なようです。

恐竜の消滅は、哺乳類の進化に決定的な役割を果たしました。K—T境界まではトガリネズミのような小さな哺乳類が走り回っていましたが、彼らは恐竜の絶好の餌で、なおかつ生存競争も激しかったので、それ以上繁殖し、あるいは多様化することはありませんでした。しかし、恐竜を含む、約60〜75パーセントの「種」が消滅した結果、適応放散のための新しい機会が生じ、地球がそのショックから回復し、気候も回復していくに連れて、今日知られている夥しい数の哺乳類の「種」が生じることになりました。そして、私たちの祖先である霊長類も、やがて現れました。

そして真夜中の丁度2分前に、ようやくヒトが現れます。さらに真夜中の僅か3秒前に、身体構造上の現代人が、この進化歴史に登場することになるわけです。今日までの記録された人間の歴史は、真夜中の前の5分の1秒、つまり人間の瞬きほどの時間にしか過ぎないのです。

生物の進化はこれからも続いていくことでしょう。約138億年前に宇宙ができ、その後、太陽系と共に地球ができましたが、このような悠久の宇宙歴史、そして地球での進化歴史の中で、人間は、その最終段階で現れたことになります。創世記第1章によれば、神は、天地万物の創造の最後の仕上げとして人間を創られたとありますが、ただ単に、聖書の記述とこれらの事実が偶然に一致したというのではなく、それを超えた、より深い意味での、聖書と科学の一致の見事な例を見る思いがします。

このように、約46億年前に地球が誕生した後も、被造物を含むこの地球環境は、いろいろな試練に会いましたが、その都度、神は進化を通して、より良いものへと絶えず働いておられたのです。それは、この現在、この今という時において、私たちが夜、休んでいる時でさえも、神は、いつも働き、人間を含むあらゆる被造物を見守っているという聖書の教えと何ら矛盾するものではありません。私たちが知らない宇宙の誕生の始めから、倦まず弛まず働いてこられた神に対して、さらなる畏怖の念を、この宇宙、そして地球の進化歴史を通して、私たちは抱くのではないでしょうか。

それと同時に、第6番目のカタストロフィが懸念されています。この6番目は、地球温暖化や原子力など人間がもたらすもので、それは人間ばかりではなく他の生命体のすべてにとっても、致命的なものとなるでしょう。地球の危機が刻一刻と迫っていることは、多くの科学データが示しているばかりでなく、最近の気候異常や原子力発電所の事故など、私たちが実際に身近に体験しているところです。

カンブリア紀以降に起こった大量消滅を、図4に記しました。

（2）人類の出現

それでは、このような生命体の進化の流れの中にあって、人類はどのように進化し、さらには文明を発達させてきたのでしょうか。

約2500万年前に炭酸ガスの大気圏でのレベルが低下して大地が冷えて、霊長類は、もはや広い地域に住むことができなくなり、アフリカでのみ生き残りました。その後、霊長類のはっきりとした系統として類人猿が現れ、約1800万年前にテナガザルが、約1400万年前にオランウータンのような大型類人猿が、そして800万年前にはゴリラが、それぞれ類人猿の中で次々と枝分かれをしていきました。遺伝子データは、ヒト、チンパンジー、ボノボの最後の共通の先祖が約700万年前に生きていたことを示しています。この時には、私たち人間独自の先祖はまだ存在せず、共通の先祖を持っていただけでした。

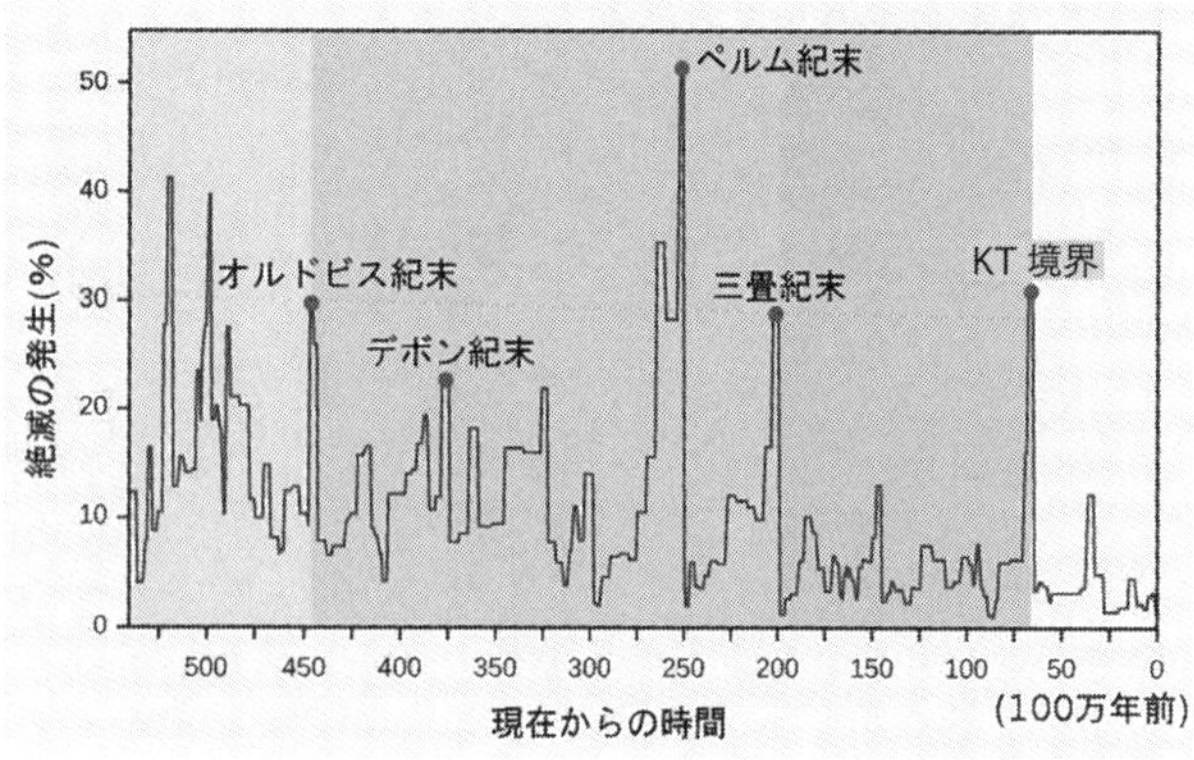

図４　カンブリア紀以降に起こった大量消滅(注11)

そして、約600万年前に、最初のヒト亜科であるサヘラントロプス——後頭部はチンパンジーに極めて似ていますが歯はもっと後のヒト亜科に近い——が、チンパンジーやボノボの他の類人猿から枝分かれしてきました。この間の経緯は、Alu遺伝子の挿入を例にあげて、先に述べた通りです。

次のヒト亜科であるアルディピテクスが約400万年前に、さらにはその後、アウストラロピテクスが400〜200万年前に現れました。

これらを含む多くのヒト亜科は、エチオピアの大地溝帯で発見されました。１９７３年に発見されたアウストラロピテクスの女は、当時流行していたビートルズの歌から、ルーシーと名付けられました。彼女の体の40パーセントにわたる化石が、ほぼそのままの状態で見つかりましたが、ルーシーは、背丈が1メートル、体重も30キロそこそこの小さい女で、チンパンジーのような胸と長い腕、鈎状の指を持ち、二足歩行していたと思われます。

そして、いわゆる原人と呼ばれるホモ属が、300〜200万年前にアフリカに現れます。このホモ属も、いくつかに分かれていきます。いわゆる旧人類とも呼ばれるホモ属であるホモ・ハイデルベルゲンシスが約60万年前に出現します。彼らの脳は１２００CCと、平均的な現代人よりも僅かに200CCほど小さいだけで、共同で狩猟するなどして狩猟に長けており、敏捷性と忍耐と共に、精神的、文化的にも発達していきました。そして、その生存範囲も、アフリカからヨーロッパ、中国まで広がっていきました。ドイツの古代湖から、40万年前の木製の狩猟用の槍先も見つかっています。

その後に現れたネアンデルタール人は、ホモ・ハイデルベルゲンシスの子孫である可能性が最も高いと考えられています。しっかりとした長い頭蓋骨、現代の人間と同じ大きさの脳、大きな鼻、眉の上の大きな骨、樽状の胸を持ち、背丈は現代人と同じですが体重は30パーセント以上重く、洞窟に暮らして、バイソンや鹿なども狩猟していたようです。西はイベリア半島から、東はウズベキスタンまで広く住んでいたようですが、その数は多くなく、３万年前までに消滅したとされています。

7.5〜3.8万年前に住んでいたネアンデルタール人とヒトの遺伝子データから、それぞれのかなり完全なゲノム配列が得られています。ヒトとチンパンジーは600万年前に枝分かれをしたことは先に述べましたが、ヒトとチンパンジーよりもゲノムの類似性が高く、ヒトとネアンデルタール人は、60万年前までは共通の先祖を持っていたことが分かっています。

ちなみに、「ネアンデルタール」とは、ドイツ語で「ネアンデルの谷」という意味で、ドイツのデュッセルドルフに近い、デュッセル川沿いにある谷です。「主をたたえよ、力みつる主を、わが心よ、御使いと共に、諸人、声を合わせて、ほめ歌を歌え」と日本の讃美歌にも取り入れられ、(注12)現在も多く歌われている讃美歌を書いた、17世紀の牧師で、30才という若さで亡くなったヨアヒム・ネアンデルが、いつもこの美しい谷を散策し、時には礼拝をもっていたことから名付けられたものだそうです。ネアンデルタール人とは、この谷にある洞穴から、古代人の骨が発掘されたことに由来します。だとすれば、このネアンデルタール人の化石化した骨は、ネアンデル牧師の説教と、この有名で力強い讃美歌を、洞窟の中でいつも聞いていたことになります。

私は、本書を通して、聖書と進化論が平和的に共存することに少しでも貢献できればと願っていますが、キリスト教牧師が進化論にこのような形で関わっていることに、微笑みを禁じ得ません。

そして最後に、身体構造的に現代人であるホモ・サピエンス（homo・sapiens：賢い人間）が、約20万年前にアフリカに現れました。5万年前までには、アジアとオーストラリアへと移動し、さらにはベーリング海を渡って北米へとたどり着きました。ヨーロッパでは、クロマニヨン人の化石が、そして、シベリアのデニソワ洞窟からデニソワ人の化石が発見されています。

（3）文明の発達とホモ・デヴィヌスの出現

私たち人間の祖先は、魚や野生の動物を捕獲して生活していました。そういう中で、骨、石、木などから道具を作るようになって、いわゆる旧石器時代が始まりました。いわゆるホモ・ファベル（homo・faber：工作する人間）が誕生したのです。

人間と動物の大きな違いは、このような道具と共に、火を使用するということです。火山の噴火や落雷、あるいは森林の自然発火など、身近に火を見ることはあったと思われますが、いつごろから積極的に火を使うようになったかについては、自然発火との区別がつけにくいなどの理由によって、定説はないようです。しかし、炉の跡などから、古くは原人の時代から使用していたようです。

捕獲した動物の肉を焼くことによって、食中毒が減少するばかりでなく、栄養状態も格段に改善されました。また、火を使用することによって、他の動物から安全を保ち、暖をとることができ、さらには、夜間の活動も可能になりました。最初は、先に述べた自然に発生した火を大切に保存していたことでしょう。しかし、石と石の摩擦、あるいは、木と木が摩擦することによって火が発生することを目撃した人間は、自分で火を起こすことを発明したのです。石器の使用を第1の技術革命と呼ぶとすれば、火の使用は第2の技術革命と呼んでもよいかもしれません。

石器や火の発明は技術革命としてもたらされましたが、言語の発達は、まさに文化大革命でした。頭蓋骨の化石の中に占める舌下神経管の大きさの変化などから、遅くとも5万年前ごろまでには、かなりの程度まで言語を使っていたのではないかとされていますが、その他の明確な証拠がないために、人間がいつごろから言語を使用し始めたのかは、様々な議論の中にあって、依然として謎の部分が多く、まだよく分っていません。

いずれにしても、必要は発明の母と呼ばれているように、人間が狩猟集団として発展していく中で、最初は、集団で野生動物を捕獲する際に、互いの連絡を取り合うための簡単な合図のようなものから始まったのではないでしょうか。

新生児の言語の発達を見ていくと、1才半頃までは、「アー」とか「ウー」とかの簡単な音を発するだけですが、一旦、ある段階を突破して言葉を獲得すると、日毎に新しい言葉を使用することに驚かされます。

このようなことからも、最初は少ない言語から、人間は、急速に言語を発達させ、それにつれて、思考能力も爆発的に発達していったことは容易に推測できます。まさに文化革命と言ってもよいでしょう。産業革命は、僅か数十年の間で、革命の前には想像すらできなかった世界をもたらしました。現在のAI革命も、その行く先を予測することは大変困難なことは、今の時代、私たちが経験しているところです。このように、革命は、その前と後では、全く異なった世界をもたらすのです。

地球の歴史は46億年と長いのですが、その最後のわずか数万年ほどの間——前にも述べたように、地球の歴史を24時間に譬えるとすれば、最後の数秒間——に、人間は、実に多くのものを爆発的に発達させ、現在ある私たちの生活や文化への基本的な道が整えられていったのではないでしょうか。言葉を獲得した後も、子どもたちは、少年・少女期を経て十代の後期へ向けて、急速に社会性、芸術性を身に着けていくことは、私たちが日常、目にするところです。

では、人間は、いつごろから神を求める、つまりホモ・デヴィヌス（homo divinus）になったのでしょうか。

旧石器時代と、新石器時代との区別は、前者が打製石器を使用していたのに対して、後者は磨製石器を使用していたことにあります。旧石器時代には、人間はもっぱら狩猟採集民として暮らしていました。その頃に描かれた、優れた多くの洞窟壁画が、各地で見つかっています。人間が次第に石器の技術を改良し、また狩りの技術を向上させて生活に余裕ができた結果、次第に芸術に目覚めていったのでしょう。

フランスの最も美しい村と言われているミディ・ピレネー北部にあるサン・シル・ラポピーのロット渓谷で、2頭の馬と6個の手形が描かれた2.5万年前とされるペッシュ・メルル洞窟壁画が発見されました（図5）。それらの壁画は、通常、人間が住んでいるような場所ではなく、一人の人間がやっと通れるような洞窟の奥深いところに描かれています。このこと

図５　ペッシュ・メルル洞窟壁画(注13)

は、巫者《ふしゃ》と呼ばれるシャーマンのような者が、瞑想や神がかり的な行為、つまりシャーマニズム的な行為を行い、次第に人間が宗教的な心を持つようになっていったことを示す、一つの例ではないかという見方がなされています。

梅原も、狩猟採集民として原始社会の面影を今も残している世界のあらゆるところで見られるアミニズム――太陽、月、山、石、森、木、動物等、いろいろなものの中に霊魂が宿っているとして、それらを崇拝する――による信仰心が、普遍的な世界の宗教の始めであろうと推察しています。

この後も、石器は次第に高度化していきました。旧石器時代から新石器時代へと移っていくにつれ、石器による農耕具も発達し、生活も狩猟から農耕へと次第に移っていきました。そして、約1万年前ごろには、農耕による人間の定住化を示す遺跡が各地で見つかっています。特に、エジプトのナイル川、メソポタミアのチグリス・ユーフラテス川、インドのインダス川、中国の黄河流域などの堆積平野には、麦や大麦などの穀物類を栽培する農民が多数定住し、やがて世界4大文明の発祥へ繋がったことは、学校の世界史で学んだ通りです。

日本においては、新石器にかわる、稲作を主とする世界でもユニークな縄文式文化が発達しました。縄文時代に作られた陶器は世界でも最も古く、また漆で塗った遺物や、赤色に塗った櫛など、高度な文化が育ちました。

トルコからヨルダンに至る広い地域には、すぐれた新石器時代の遺跡が多く発掘され、そして今でもなお、発掘が続けられています。聖書にも出てくるエリコには、紀元前9600年頃には、既に500人ほどの人間が住んでいたと推定される遺跡が見つかっています。トルコの南東部にあるギョベクリ・テペ遺跡からは、椅子が壁に沿って置かれ、野獣や他のシンボルで飾られた多くの石灰石の柱で支えられた円形の部屋を含む、ある種の儀式を行ったことを示唆する施設が、その周辺には誰も住んでいない場所において見出されています。

それらの遺跡において、黒曜石などの鉱物が、その産地である鉱山から遠く離れた地域において見出だされることから、この当時、これら西アジアの各地域は、商業路によって結ばれていたことが伺われます。動物の皮革や毛皮、織物なども見られ、また、羊や山羊、犬の家畜化も進んでいきました。

そして、メソポタミアでは、都市化、文明的な生活、活発な交易、中央集権化が進んでいきます。さらには、紀元前３５００年前後には、シュメール人による楔形文字の発明によって、メソポタミア文明がついに開花していくのです。

創世記が、このような人類の歴史的、文化・文明的な背景の中で、神の言葉として記録されたということを念頭に置くことは、創世記を正しく理解する上で、欠かすことができないでしょう。

地球の長い歴史の中において、このようにしてようやく時が満ちて、神の存在を意識するホモ・デヴィヌスが生まれたと推定されます。このことは、後で詳しく述べることにします。

イエス・キリストのご降誕が、ローマの圧政の中にあるユダヤの歴史への神の介入であったと同様に、創世記は、これまで述べてきたような途方もない進化の歴史、そして、人間の初期の歴史への神の介入と見なすことができるのではないでしょうか。

第4章　創世記とは

(1) 聖書の冒頭を飾る原初史

聖書は、様々な記述様式・文学様式によって書かれていると、前に述べましたが、66巻からなるその分厚い聖書の冒頭を飾る創世記とは、一体どのような書物なのでしょうか。

簡単にその概要を見ていくと、まず第1章において、神によって人間を除く天地万物が逐次創られ、その最後に人間が男と女として創られた後、神が休息したことが語られています。そして第2章において、その人間として具体的な名前を持つ男としてのアダムが神によって土から創られ、次に植物や動物、さらには女としてのエバが創られます。そして、第3章において、エデンの園において、二人が神の命令に背いて禁断の実を食べた結果、楽園から追放されてしまいます。第4章、第5章では、追放された夫婦の子供たちに起こったこと、そしてその後に続くアダムの系図が示されます。第6章から第10章まで、洪水にまつわるノアの箱舟が続き、さらに第11章においてバベルの塔の物語が語られます。

第12章において初めて、歴史上の人物とされているアブラハムが登場します。神によって呼び出されたアブラハムは、イスラエルの父祖とされていますが、その後に続くイサク、ヤコブによる、イスラエル民族としてのアイデンティティが築かれていく、いわゆる族長時代が語られ、ヤコブの息子であるヨセフの死をもって、50章からなる創世記は幕を閉じます。そして創世記の後、マラキ書まで38巻にわたって、旧約聖書は、イスラエルの歴史をたどりながら、いかに神がイスラエルに関わってきたかを語っていきます。

このようにして見ていくと、創世記の構成は、第1章から第11章までと、第12章以降では、趣ががらりと異なっていることに気づくでしょう。この創世記の最初の部分は原初史と呼ばれて、他の部分から区別されており、旧約から新約まで聖書という全体の建物を支える礎石として極めて重要な役割を担っています。

人間を含むあらゆる天地万物の創造に関わる原初史、特に創世記第1章~第5章から見えてくる創世記の世界を中心に、これから考えていきたいと思います。

（2）原初史はいつ書かれたか

神の一方的な選びによってメソポタミアの地ハランから呼び出された、アブラハムに始まるイスラエル人は、一時、エジプトで奴隷として苦難の時を過ごしますが、神によって遣わされたモーセによって救い出され、その後、カナンの地へ定着して次第に民族国家としての地位を固めていきます。ダビデ王とその後に続くソロモン王の時代に、繁栄の頂点を極めますが、その後、南北イスラエルに分裂し、当時強大な勢力として勃興したアッシリアによって、北イスラエルが滅ぼされ、さらにはダビデ王の血統を引き継ぐ南イスラエルも、新バビロニア帝国によって滅ぼされます。（紀元前587年）

かつて栄華を誇ったエルサレム神殿は、ネブカドネツァル王率いるバビロン軍によって徹底的に破壊されて廃墟と化し、ゼデキヤ王は、両眼をつぶされ、青銅の足かせをはめられて帝国の首都バビロンへと引かれていきました(Ⅱ列王記25章7節)。また同時に、ユダの主だった人々も、バビロン捕囚として引かれていきました。

古代において、民族間の戦争は、それぞれの民族が信じる神々の戦争であると考えられていました。神によって選ばれたという誇りの中に自分たちのアイデンティティを置いていたイスラエル民族は、戦争で敗れたというショックはもとより、彼らの王であるゼデキヤ王自身が、惨めな姿で引かれていくという現実を目のあたりにして、祖国を失ったことに加えて、神にも見捨てられたという、民族としての最大の危機に直面したのです。彼らは、およそ50年にわたって、異国の地で捕囚の身におかれました。

そのような時にあって、イスラエル人が犯した、神に背くという罪を告発して猛省を迫り、また同時に励ましたのが、旧約時代の最大の預言者と言われているイザヤとエレミヤでした。イスラエル人は、そのような捕囚と、その後に続く廃墟からのエルサレム再建にあたって、これらの預言者の叱咤と励ましにも支えられ、自分たちは一体何者なのか、自分たちはどこから来てどこへ行くのか、自分たちを創り、選び出した神とは一体誰なのか、徹底的に内省し、自問自答したのです。

この原初史は、そのような苦難のただ中で、昔から伝承として受け継がれてきたものに目を向けて編纂されました。そのように先が見えない暗黒の中で、聖書の最初の言葉として「光あれ!」と、神の中に希望の光を見出したイスラエル人の信仰に心が打たれる思いがします。しかもこの「光」は、イスラエルの父と呼ばれるアブラハムを超えて遡《さかのぼ》った、人類そのものの根源に係わる「光」、人類全てに注がれる「光」でした。ここにおいて、旧約聖書の神が、イスラエル民族の神であることを超えて、世界における人間のすべての神であることが明確にされたのです。

そして、この時代にあって、イスラエル人を励ました預言者イザヤは、やがて現れるイエス・キリストについても、明確に予言をしました（イザヤ書52章など）。まさに、バビロン捕囚は、旧約から新約へ移る旧約の頂点、分水嶺をなす出来事であり、捕囚とそれに続く苦難の時代に書かれた原初史そのものも、後で述べるように、新約聖書を透かし絵のようにして提示しているのです。

新約の時代にあって、「苦難は忍耐を、忍耐は練達を、練達は希望を生む」と、私たちを励ますパウロの言葉や（ローマの信徒への手紙5章3～4節）、「およそ鍛錬というものは、当座は喜ばしいものではなく、悲しいものと思われるのですが、後になるとそれで鍛え上げられた人々に、義という平和に満ちた実を結ばせるのです」というヘブライ人への手紙12章11節の言葉が、ここにおいて、心に迫ってくるように思われます。

（3）原初史の文学様式

本書の第1章で、聖書には様々な文学様式が使用されていると書きました。それでは、創世記第1章から第11章にかかわる原初史はいかなる文学様式なのでしょうか。

聖書は、そこに書かれていることを字義通りに受け入れるべきだと主張する人たちがいますが、原初史において、そのまま受け入れるには、精神錯乱に陥るしかない記述が多く認められます。

以下に、原初史におけるそのような箇所について、いくつか例をあげてみました。

① 第4日目に神は太陽と月を創られたが、第1日目、第2日目、第3日目に朝と夕があるのはなぜか。

② 創世記第1章においては、植物や動物が創られた後、最後に人間が創られたとあるが、第2章では、人間が先ず創られたあと（7節）、あらゆる動物が創られたとあり（19節）、矛盾しているのではないか。

③ 第2章15節で、アダムをエデンの園に住まわせ、人（アダム）がそこを耕し、守るようにされたとあるが、最初の人である彼は、素手で耕したのだろうか。それとも、神が、自ら農耕具作成の職人のようにして鍬や鋤を手ずから造り、彼に与えたのだろうか。もしも神が農耕具を与えたのであれば、もっと高度な、機械で動く耕運機をなぜ与えなかったのか。

④ 第2章24節で「こういうわけで、男は父母を離れて女と結ばれて、二人は一体となった」とあるが、アダムには既に父母がいたのか。神によって最初の人間として、土から創られたのではなかったのか（7節）。

⑤ 蛇は本当に賢いのか（口語訳では狡猾）。そして、人間と話すことができるのか（3章1節）。

⑥ カインが弟のアベルを殺した後、神は、彼をエデンの東へ追放するに際して、誰からも襲われることがないようにと彼にしるしを付けたとあるが（4章15節）、まだこの世には、アダムの家族以外には、人間は居なかったのではないか。

⑦ 同じく4章16章で、カインは妻を娶《めと》ったとあるが、彼女はどこからきたのか。また、町を建てたとあるが、その人たちはどこから来たのか。

⑧ 5章で、アダムの系図が語られているが、多くの人が九百歳を超えるまで生きている。動物の中で最も長寿とされているある種のカメ、クジラ、サメでさえもそれらの寿命はせいぜい200〜300歳であり、聖書は、私たち人間を語るのではなく、何か別の化け物について語っているのではないか。

⑨ ノアは、神のお告げによって、現在の寸法に換算して、長さが133・5メートル、幅が

22・2メートル、高さが13・3メートルの箱舟を造ったが、現在の感覚として1万トンを超えるこのような大きな舟をいかにして造ったのであろうか。また、全ての命あるものの二つずつが、果たしてこの程度の大きさの箱舟に入れるのだろうか。

上にあげた①については、3世紀の前半に活躍した、初期のクリスチャンで教父と呼ばれたオリゲネスによって、既に、指摘されているところです。
②については、もともと別々の資料があったとされています。もしも聖書が、聖書をそのままで解釈することを期待しているとすれば、ここで第1章と第2章の間で、何らかの調和・調整が図られてしかるべきと思われます。しかし、それがなされずに並列的に記載されていることは、とりもなおさず。そのような解釈の仕方を放棄するようにと、聖書自身が私たちに語りかけているのではないでしょうか。
③~⑥においても同様です。オリゲネスは、「知識ある人はどう思うか……。これらのことが、歴史を装ったある種の奥義を示す比喩的な表現であることを疑わない人はいないであろう」と語っています。
この原初史が、宇宙そして地球がいかにしてできたか、人間や、植物、動物を含むあらゆ

る生命体がいかにしてできたかを説明するために記述された科学論文でないことは、これらの記述を見れば、少なくとも明らかでしょう。もしも、そのような論文ではないとすれば、聖書の原初史とは、いったいいかなる文学様式で書かれているのでしょうか。

創世記第2章で、神は土（アダマ）の塵で人（アダム）を創り、鼻から命の息を吹き入れて生きる者とした後、この最初の人アダムを、エデンの園に置いたと記しています。エデンの園が実際にどこにあったのか、様々な試みがなされていますが、いまだに、その場所は特定されていません。しかし、そこに書かれた4つの川のうち、ピションやギホンと呼ばれる川は、現在でも不明ですが、そこにはチグリス川やユーフラテス川が流れており、ラピス・ラズリと呼ばれる宝石が産出していることから、この原初史が、メソポタミア文明を背景とし、西アジアのいずれかの場所を想定していることは、まず間違いないと言ってもよいでしょう。

原初史が最終的に今のような形にととのった時代は、前にも述べたように、紀元前6世紀央、バビロンとの戦争に敗れてバビロニアに捕囚として連行されて、民族としての誇りが奪われた時代、そして、その後に続くイスラエル人としてのアイデンティティ喪失の深刻な危機の時代でした。従って、多くの聖書学者が指摘しているように、BC2000～500年にメソポタミアで広く行き渡っていた、バビロニア人やシュメール人の創造物語を強く意識していたとしても、決して不思議ではないでしょう。

よく知られているように、イスラエルでは数字の7は、完全数として特別視されています。神の天地万物の創造が7日間であったことは、たまたま、そうであったということではなく、確固とした信念のもとに、そのようになっていると、多くの聖書学者が指摘しています。そして、その上、第7番目の日を神の安息日として最重要視しています。日本語翻訳では、必ずしも明確ではありませんが、ヘブライ語原語では、7はもとより、その倍数がこの創世記冒頭箇所において散りばめられていることが指摘されています。例えば、第1章1節は7単語、2節は14単語（7×2）からなり、天地創造を総括している第2章1～3節では35の単語からなっています。「神」という単語は35回（7×5）、一方、「地」そして「天・大空」は、それぞれ21回（7×3）記載されています。

このことは、バビロニアの伝統において、毎月の7、14、21、28日が不運な日だとされていることと、著しい対比を示しております。

バビロニアの創造叙事詩「エヌマ・エリシュ」においては、神々の闘争に勝利したマルドゥク神が、敗れたティアマト神の屍を用いて天地を造ったとされています。また、別の叙事詩であるアトラ・ハシスにおいて、人間は神の奴隷として創られたとされ、さらにそこには、ノアの洪水に類似したものが記載されているということです。

メソポタミアには、多くの汎神論《はんしんろん》的創造物語がありますが、一神論による創世記は、明らかにこれらと一線を画するものです。また、その内容においても、残忍な他の創造物語と異なって、高潔な神を抱く創造物語として描かれています。このような唯一神をいただく聖書は、神と人間との個人的・人格的な関係を最重要視しており、そこには、イスラエル人の他民族に対する誇りとアイデンティティが、強く主張されているように思われます。

原典のヘブライ語において多くの韻《いん》を含んでいることから、原初史が詩文であり、イスラエル共同体の集まりの中で、讃美歌として謳われていたことが示唆されています。その他にも、土（アダマ）から人間（アダム）を（創世記2章7節）、男（イシュ）から女（イシャー）という具合に（創世記2章23節）、言葉の語呂合わせと言ってもよい書き方――この他にも、ヘブライ語原語には、これに類した書き方がなされていることが指摘されています――が見られます。

エデンの園や、ノアの時代の洪水、バベルの塔など、具体的な名前や出来事が記されていますが、その場所を特定しようとする多くの試みにもかかわらず、いまだに成功していません。いずれにしても、他の記載から、それらのいずれもが、メソポタミアのある地域であることは確かで、それ以上これらのことを追及する意味も、あまりないでしょう。

以上から、聖書の原初史がいかなる文学様式であるか、詩歌、歴史書、伝記、書簡、科学的論文等々、前にも上げた記述様式・文学様式から消去法を適用すると、詩歌の形をとった比喩による文学様式が残るでしょう。

一方、別の分類として、神とは誰か、人間とは何者かなどが暗に啓示されていることから、「高尚な散文」と呼ばれたり、聖書全体の枠組みを語っていることから、「神学的エッセイ」、「神学的宣言」などとも呼ばれています。

(4) 比喩としての原初史

一旦、原初史が比喩的な文学様式を取っていることを受け入れると、「目からうろこ」のように、そこにかかっていたベールが取り除かれて、細かいことはあまり気にせずに、いろいろなことが、はっきりと見えてきます。

神の6日間での天地万物の創造も、「主のもとでは、一日は千年のようで、千年は一日のようです」と、書かれているように(ペテロの手紙二3章8節)、休みも取らずに、朝から夜まで、せっせと創造の業に励む神について、さぞかしお疲れになったのではなどと、あらぬ心配をすることからも解放されるでしょう。

また、狡猾な蛇が、言葉巧みにアダムとエバを騙し、そそのかしたことも、狼が出てきて騙す「赤ずきん」や、その他の童話などで馴染み深く、それほど気にはならないでしょう。アダムをはじめとして、多くの人物が途方もなく長い寿命を生きたことも、彼らが化け物ではなく、単に、神の民として恵まれた長い年月を生きてきたことの一つの表現として受け入れることができるでしょう。そのようなとてつもない年齢を書くことによって、まさに原初史そのものが、「比喩的な説話」としての文学様式であることを、私たちに知らしめようとしたのかも知れません。

第1章では全ての植物や動物が創られたあと、人間が創られ、他方、第2章では、人間が創られた後に植物や動物が創られたことも、単に二つの伝承を書き記したものであると割り切ることができるでしょう。新約聖書において4つの福音書があって、それらが互いを補っているように、二つの記録は、一つでは表せないことを互いに補完しあって、より確実に創世記のメッセージを私たちに伝えることができるからです。

イエスは譬え話を好んで話されました。イエスの譬え話は、印象深く、実に多くの教えを含んでいます。しかし、その教えは深く、聖霊の助けなしには理解できません。「私は口を開いて譬えを用い、天地創造の時から隠されていたことを告げる」とあるように（マタイによる福音書13章35節）、イエスが語る言葉を抜きにしては、この原初史の深い意味、奥義に到達することはできないでしょう。原初史は、深く新約聖書の教えと結びついているのです。

以上より、たとえそれが比喩的な説話、譬え話であったとしても、それによって、聖書に書かれていることの真実性の価値が減じるものでは決してないでしょう。このような文学様式によって、より深い本質を語り得ることは、今さらここで述べるまでもないと思います。それが、信仰によって裏打ちされているなら、なおさらでしょう。イエスの多くの譬え話がそうであるように、原初史も「真理」として、私たちはしっかりと心に受け止めて、その語ろうとしている意味について、深く思索することが求められているのです。

創世記の原初史については、神学的、歴史的、文献的研究がいろいろとなされており、それらについてここで詳しく議論することは、限りある紙面の都合ばかりでなく、本論からも逸脱し、また次章においても、さらに述べるので、ここでは前記のように簡単に記すのみといたします。詳しくはアレクサンダーの著書並びに巻末にあげた「創世記」に関する著書などをご参照いただければと思います。

第5章　進化論と聖書の対話

(1) 科学と聖書の対話

第2章、第3章において、進化論にまつわるもろもろの誤解、特に進化論をイデオロギーに利用したことにより持ち込まれた誤解、そして、突然変異や自然淘汰など「古い生物学」から連想される誤解を解き、進化論が、学問的に真にすぐれた理論、つまり「真理」であることを述べてきました。

また、第4章において、創世記でも原初史と呼ばれる創世記第1章から第11章が、「比喩的な説話」であり、同時に「神学的宣言」、「神学的エッセイ」としての性格を帯びているということを述べてきました。そして、「比喩的な説話」が、汲んでも汲んでも尽きない奥義を含んだ、神学的に深い「真理」を語っているということも述べてきました。

ダーウィンが「種の起源」を出した最初の頃は、キリスト教コミュニティにおいて「進化論」は、大きな問題もなく受け入れられていたようです。だが、次第にそれがイデオロギー的装飾を帯び、さらには「古い生物学」によって誤解を生むようになって、「進化論」が本来の道からそれてしまいました。その結果、一部のキリスト教徒は「進化論」を悪意のある仮説として敵視し、また、他方では、そのような「進化論」を科学的理論として信じる無神論者たちは、キリスト教を、科学を無視した愚かな宗教だと攻撃してきました。この両者に共通することは、「進化論」に対する誤解と、原初史が比喩的な文学様式で書かれていることを理解していないことにあると思われます。言い換えれば、それぞれは、誤解と誤解を基に、不毛の議論をしていることになります。

一方が、他方よりもすぐれると主張し、あるいは、その逆の場合、そこには衝突と争いがあっても、平和は思いも及ばないでしょう。しかし、それぞれが「真理」に立脚し、互いを「真理」として認めあうとき、たとえ衝突があるとしても、それを乗り越えて対話ができるのです。

「進化論」が真理であり、聖書が真理だとしても、一方は「科学」、他方は「宗教」です。

それらは、いわば「水」と「油」。どのようにして対話をするというのでしょうか。あるいは、「科学」と「宗教」は全く別物で、対話そのものに意味があるのかという意見も当然あるでしょう。しかし、科学が宗教を、宗教が科学を敵視している現状がいくらかでもある限り、対話によって、そのような現状を乗り越えていく努力をすることは、やはり大切なことではないでしょうか。しかも、その対話によって、そのいずれの側もより高められ、また、私たちの人生において、より豊かな恵みをもたらすとするなら、なおさらのことでしょう。

さらに、現在危機の瀬戸際にある地球環境問題の解決、あるいは、新型コロナウイルスのような問題についても、科学と宗教の対話は、避けて通ることができないのです。

ここで、進化論と聖書の対話に入る前に、科学と聖書の関係について、数多くある中から、一つの例として、ヨハネによる福音書2章1～12節にあるカナでの婚礼の出来事について、考えてみたいと思います。

それは、イエスが神の国を公に宣べ伝えることを始めた最初の出来事でした。カナというガリラヤの村で婚礼があり、そこでは慣例としてぶどう酒がふるまわれていました。しかし、ぶどう酒が足りなくなってしまいました。めでたい婚礼の宴で、ぶどう酒が足りなくなるということは大問題です。この時、イエスが水がめの中にあった水をぶどう酒に変えられたというのです。

ここで、科学の観点からまず見ていきますと、水がぶどう酒に変わることは絶対に起こり得ません。このことを、まずしっかりと受け止めることが必要ですが、このことを「真理」として受け入れることに、誰も異存はないでしょう。

では、聖書に書いてある「水がぶどう酒に変わる」とは、どう考えればよいのでしょうか。イエスは、「私は真理である」とお語りになりました（ルカによる福音書14章6節）。仮に、このことを「真理」として受け入れるとすれば、どういうことが言えるのか考えていきたいと思います。

婚礼の宴で、ぶどう酒が足りなくなるということは、世間的には大失態です。若いカップルの新しい門出を祝うどころか、結婚の宴も台無しになってしまい、出席した人たちも不平、不満を口にしながら早々に席を離れて帰ってしまったとしたら、何と悲しいことでしょうか。通常、このような席でぶどう酒が足りなくなることなど、あり得ないことです。二人はそれほどに貧しかったのかもしれません。それでも、この二人は、何とか結婚したかった、そして多くの人にお祝いをして欲しいと願っていた。それなのに……。

イエスは、このような二人のために、水をぶどう酒に変えてくださった！　このことは、イエスがあふれるほどの愛の人であり、またかつ、このような奇跡を起こすことができるお方、つまり、全能にして愛なるお方、神の子であるという他はないのではないでしょうか。

これを、無理をして、科学的に説明しようとするなら、本当は、ぶどう酒はもともとあったが、出し惜しんでどこかに隠しておいて、それを出した、あるいは、イエスは、このカップルが貧しいことを知っていたので、弟子たちにあらかじめどこかに用意させておいたなどと説明するほかないでしょう。

あるいは、このことをもっともらしく説明するために、イエスが、長血を患っていた女がイエスの服に触れただけで彼女の病を感知すると共に癒された、あるいは悪霊に取りつかれた男から悪霊を追い出されたことなどから、イエスには何かテレパシーやその他の特別の才能があり、水をぶどう酒に変えることも可能であったとするならどうでしょう。これでは、イエスは単なる霊媒師、あるいは魔術師でしかなく、聖書が語ろうとしている、豊かな福音を見出すことはできるはずもありません。

科学と聖書を、共に真理として真正面から受け入れ、謙虚にそこに書いてあることに思いをめぐらすときに、豊かな福音の世界が心の中に広がっていくのではないでしょうか。

このカナでの婚礼は、ヨハネの福音書におけるイエスの最初の奇跡で、昔から様々な神学的な解釈、説教がなされている有名な箇所です。私がここで述べたのは、繰り返しになりますが、科学と聖書についての考え方の一つの例として、頭の体操として、私が思いつくままに述べたものです。この箇所について、多くの素晴らしい神学的な説明がなされていることは申すまでもありません。しかし、そのような福音の恵みに与るためには、科学と聖書を、共に「真理」として受け入れる心の備えが必要なのです。


私たちの周囲には、「科学的な真理」、あるいは「科学的な真理」を装った「一般的な常識」にあふれています。これもダメ、あれもダメ、やってもムダだと、自分自身に限界を設けて「科学的な真理」、「一般的な常識」の中に安住し、あるいは、それらに縛られて、毎日を汲々として暮らしていることはないでしょうか。

ニュートンは、万有引力の法則を見出しました。この法則によれば、高いところにある物は下には落ちるが、下にあるものが上に上がることは絶対にあり得ません。しかし、ライト兄弟は、空を飛ぶことを夢見て、それを実現したのです。

イエスの奇跡は、このようなこととは比較にならない圧倒的なパワーをもって、がんじがらめに私たちを閉じ込めている固定概念を根底から打ち砕き、その深い、深い愛によって、私たちをその縄目から解き放つのです。科学の真理を打ち砕くほどのイエスを見上げる時、私たちは、苦難の中にあっても希望を見出すことができるのではないでしょうか。そして、「苦難は忍耐を、忍耐は練達を、練達は希望を生み出す。そして希望は失望に終わることがない」と、聖書は私たちを励ましてくれるのです（ローマの信徒への手紙5章3〜5節）。

そして、その深い愛の証しこそが、極度の苦痛の中で発せられた「わが神、わが神。なぜ私をお見捨てになったのですか」という、あの十字架の上のイエスの叫びであり（マルコによる福音書15章34節）、このようなイエスを、神は復活させて、ご自身の右の座をお与えになったのです。

私たちが、科学的な真理はもちろんのこと、聖書の出来事を真理として受け入れるとき、固定観念から解放され、いろいろなことに積極的に挑戦する、今まで思いもよらなかったような、豊かな人生への道を歩む自分を見出すのではないでしょうか。

（2）進化論から見える被造物としての人間

これまで見てきたように、細菌、植物、人間を含む動物など、全ての生命体は、同じ遺伝情報システム――つまりA、C、G、Tという略号で表される4個のヌクレオチドが暗号のように組み合わさって繋がったDNA――、及び基本的に同じ細胞システムを共有しています。このことから、これらの生命体の全体は、それぞれが、同じ根から生じた樹木に連なる葉や実として譬えることができることを述べてきました。

別の言葉でおきかえると、「進化」とは、「進化」という用語が暗示する「より優れたものへの進化」ではなく、多様化へのプロセスなのです。このことは、一個の受精卵から、頭や目、耳、鼻、口、手、足など、内臓器官も含めてあらゆる組織、器官へ分化していく、つまり、私たち人間が胎児として、成長していくプロセスに極めて似通っていることに、気付かされるのではないでしょうか。

一方、創世記第1章、第2章によれば、人間を含めて、全ての植物、動物が神によって創られたとあります。このことは、聖書も、生命を有するあらゆる被造物を、神をその根とする一本の木に連なる神の家族として捉えていることが解かります。

イエスは、「私はぶどうの木、あなた方は、その枝である」とお語りになりましたが（ヨハネによる福音書15章5節)、ここでも、それぞれの枝が、一つの根から運ばれる養分によってその命が保たれている、木のイメージが示されています。パウロが「あなた方はキリストの体であり、また一人一人はその部分です」と語るとき、ここでも、イエス・キリストが根であり幹である、木としての教会のイメージが語られています(コリントの信徒への手紙一12章27節)。

従って、「目が手に向かって『お前は要らない』とは言えず、また、頭が足に向かって『お前たちは要らない』とも言えません」とあるように(コリントの信徒への手紙一12章21節)、私たち人間は、他の被造物に対して、勝手なふるまいは許されていないのです。

「手のひらを太陽に」という日本の子どもたちが好んで歌う歌について、先に述べましたが、まさにみんな、みんな同じ木に繫がっている家族、友達なのです。子供たちは、このような科学、哲学、神学に基づいた歌を、元気に大きな声で歌っていることになります。考えて見ると、実に、驚嘆すべきことだと思わされます。聖書にも、「これらのことを知恵ある者や賢い者には隠して、幼子のような者にお示しになりました」(ルカによる福音書10章21節)、「幼子や乳飲み子の口に、あなたは賛美を歌わせた」(マタイによる福音書21章16節)と、まさに、このことが、イエスの言葉として記されているのです。

このように見てみると、人間はそのような一本の木の一つの実にしか過ぎない、つまり他の被造物と同じ存在であることに気付かされます。それでは、人間とは一体、何ものなのでしょうか。神は、どのような目的で、人間をお創りになったのでしょうか。

ここで、創世記第1章に、再び戻ってみたいと思います。神は、まだ地が混沌とし、闇が深淵の面にある時、「光あれと」との言葉を発して、天地万物の創造の業をお始めになりました。このことについて、アレクサンダーは神を、豊かな才能を持ち、かつ創作の熱情にあふれる画家にたとえています。まだ、誰も描いていない真っ白いキャンバスに向かって、あふれるような熱情をもって最初の絵筆を振り下ろされたのです。

その後も、次から次へと、その都度、満足しながら太陽、月、海、陸、植物、動物を創っていかれました。その都度「良し!」としながら、最後に人間を創って全ての創造を終えると共に、自分がお創りになった傑作である天地万物の管理を人間にお委ねになったあと、「極めて良し!」と満足して休息されたのです。

人間はあくまでも被造物の一つにしか過ぎないのですが、神は特に人間を選んで神の似姿としてお創りになりました。神の似姿として創られたということは、神の代理人として、神と心を通わせながら神の御心にそって、神の傑作である全被造物の世話をする使命が与えられたことを意味するでしょう。

人間の選びは神の一方的な選びです。私たち人間には、他の被造物に対して誇るものは、何一つないのです。「誇る者は、主を誇れ」と書いてある通りです（コリントの信徒への手紙一 1章31節）。

イエスは、「こんな石ころからでもアブラハムの子たちを起こすことができる」とお語りになりましたが（ルカによる福音書3章8節）、実際、アブラハムが人間的に優れていたから選ばれたのではないことは、創世記に描かれている彼の人物像からも明らかです。彼の後に続くイサクもヤコブも、欠点を多く持つ人間であったことを聖書は正直に記しています。

聖書の全体は、神とはいかなるお方であるかを語る書物です。それは、ヨハネの手紙一の中にある、「神は愛です」という4章16節に集約されるでしょう。人間も他の被造物も、皆、この愛なる神によって創られたのです。地球環境を含む全被造物の管理を委ねられた人間が、自分勝手にこれらを支配することが許されていないことは明らかでしょう。私たち人間は、「神の秘められた計画を委ねられた管理者と考えるべき」であり（コリントの信徒への手紙一 4章1節）、「この場合、管理者に要求されるのは忠実であること」（2節）と、されているのです。

マタイによる福音書の24章45～51節に、「忠実な僕と悪い僕」と小見出しがついた、主人が自分の使用人を僕に預けて旅に出る譬え話があります。しっかりと、主人の意図に従って彼らを管理した僕は、褒められますが、自分自身に都合よく、勝手に使った僕は、厳しく咎められました。

パウロも、ローマの信徒への手紙8章18～22節において、被造物の管理を委ねられた人間が、神の意図に背いて、自分自身の欲望のままに支配した結果、被造物も虚無の状態に服し、滅びへの従属におかれ、すべて今日まで、共にうめき、共に生みの苦しみを味わっており、神の子たちが現れるのを切に待ち望んでいると、書き記しています。

(3) ホモ・デヴィヌスとしてのアダムとエバ

創世記1章27節で、神は最初の人間である男と女をご自分の似姿として創られましたが、第2章から、その男と女がアダムとエバであることが判ります。第1章では、彼らがどのようにして創られたかについては、何ら記載されていませんが、第2章において、神がアダムを土から創った後、鼻から息を吹き込んで生きる者とし、さらにその後、アダムを深い眠りに落とされ、彼のあばら骨を抜き取って、その骨からエバが創られたと記されています。では、進化論との関係において、アダムとエバとは、果たして誰なのでしょうか。

進化論によれば、恐竜が消滅した後、約5000万年前に霊長類が哺乳類から分化して現れ、約2500万年前に霊長類から類人猿が分化し、約600万年前に最初のヒト亜科であるサヘラントロプスが分化し、300～200万年前にいわゆる原人と呼ばれるホモ属がアフリカに分化して現れました。そして、身体構造的に現代人であるホモ・サピエンスが、約20万年前にアフリカに現れました。

聖書と進化論を対話させるに際して、これらの内で、最初の人間をどこにするかは、人間をどう定義するかによって変わりますが、例えば約20万年前に現れたホモ・サピエンスを最初の人間と仮定したとするとどうでしょう。進化論によれば、その頃、人間はまだアフリカのジャングルの中で狩猟採集民として暮らしていました。火は既に使用していたようですが、まだ言語は十分に発達していなかったようです。

一方、聖書によれば、最初に創られた人間であるアダムとエバは、エデンの園に住んでいました。そこにはチグリス川とユーフラテス川が流れており、場面は、明らかにアフリカではない西アジアのメソポタミアのどこかがイメージされます。そして、神はアダムを「エデンの園に住まわせ、そこを耕し、守るようにされた」とあります（創世記2章15節）。前にも述べたように、そのためには、鍬《くわ》や鋤《すき》を使うことが前提となるので、時は既に新石器時代、農耕の時代がイメージされるでしょう。

また、二人は、善悪の知識の木から取って食べてはならないという神の命令を理解し、それと同時に、蛇の巧みな唆《そそのか》しの言葉を理解していました。そればかりではなく、善悪という高度な思考能力をも有していたことが示唆されています。また、楽園から追放されたあと、アダムとエバの子どもであるアベルとカインは、主に捧げものをしています。このことからさらに、彼らは、既に信仰心を持っていたことが示唆されるでしょう。

このように見ていくと、聖書に書かれている最初の人が、進化論から見えてくる約20万年前に現れた、最初のホモ・サピエンスとすることには、大きな疑問を持たざるを得ないと思います。ましてや、最初のヒト亜科であるサヘラントロプスなどは、言うまでもないでしょう。

それでは、最初の人としてのアダムとエバとは、誰なのでしょうか。

このすぐ前で述べたように、彼らが住んでいた場所としては、メソポタミアのどこかが想定され、また、時代としては、既に農耕を始めており、言語能力や思考能力は現在の人間と変わりがなく、捧げ物をするなど宗教的行事も行っていたことから、文化が相当に発達していた時代がイメージされます。

進化論との関連で見ると、本書の第3章（3）の文明の発達で見てきたように、このように記述された原初史の時代としては新石器時代、しかも、その後期の時代が最もふさわしいように思われます。この頃には、人間は、一人どころか、農耕民として集団で生活しており、事実、そのような遺跡が、メソポタミアのいたる所で発掘されていることは、既に述べた通りです。つまり、人間としての社会生活を始めたのです。当然、人間は、これまでには経験しなかった、そのような社会で生きていく上での、多くの問題に直面したことでしょう。

人間の進化は、子どもの成長と極めて似ていることに驚かされます。言語の発達については、前に述べた通りですが、その後の芸術や心の発達も同様です。最初の頃は、子どもたちが作るものは、弥生時代の土偶や、洞窟壁画に似たようなものですが、次第に複雑で高度なものへと発展していきます。また、心も成長して、愛や友情などを育んでいきますが、同時に悩みや疑い、生きるとはどういうことか、人間とは何ものか、等々について考えるようになります。さらには、神を求めていく……。進化がホモ・サピエンスから、ホモ・ファベルを経て、ホモ・デヴィヌスへと進むのは、自然の流れではないでしょうか。特に、父や母、祖父母、兄妹、友人などの死に直面した子どもは、なおさらのことでしょう。子どもたちのなかで、早い子は、小学校低学年で洗礼を受けます。

人間は、農耕によって食料が豊かになり、また集団で住んで社会生活を営むようになり、また文化が発達してきた結果、単に食べるだけではなく、生きることの意味を考え始めたことでしょう。人間とは何ものか、人は何のために生きるのか……。

アレクサンダーは、創世記の原初史について、まさに、時が満ちて、メソポタミアの一農夫であるアダムを選んで、夢を通して神はご自身を現されたという考えをモデルの一つとして提案しています。そして、その根拠として聖書では、神あるいはその使者がしばしば夢や幻の中で現れることをあげています。例えば以下の記載をあげることができるでしょう。

アブラハムは、幻の中で神から子孫代々にわたる祝福の約束を与えられ（創世記15章1～5節）、ヤコブは、石を枕、夢のなかで、神の御使いたちが天に繋がる階段を上ったり下ったりしているのを見、そして、神に出会いました（創世記28章12～16節）。エジプトへ兄たちによって奴隷として売られたヨセフは、多くの夢を見（創世記37～41章）、また、マリアの夫ヨセフは、夢のなかに現れた主の天使のお告げによって、マリアが聖霊によってイエスを懐妊したことを信じて、マリアを受け入れました（マタイによる福音書1章20節）。この原初史においてさえも、神がアダムからあばら骨を抜いてエバを造られたのは、アダムが深い眠りの中にいた時であったと記しています（創世記2章21節）。

「神は、かつて預言者たちによって、多くのかたちで、また多くのしかたで先祖に語られた」（ヘブライ人への手紙1章1節）、「あなたたちの間に預言者がいれば、主なるわたしは幻によって自らを示し、夢によって彼に語る」（民数記12章6節）とあることは、特に注目に値すると思われます。

また、アダムを、メソポタミアの一農夫とする考えは、聖書における神の選びが、以下の例に示す通り、特にすぐれた人物ではない者に対してであり、いつも一方的であることとも相通じるように思われます。

アブラハムは75才の時、ハランの地から、カナンの地へ行くようにと、神によって呼び出されましたが、神は、彼がすぐれた人物であったから呼び出されたのではないことは、創世記に描かれたアブラハムのその後の生涯を見るとき、明らかです。イエスも、「『我々の父はアブラハムだ』などという考えを起こすな。言っておくが、神はこんな石ころからでも、アブラハムの子たちを造り出すことがおできになる」と、お語りになっている通りです（ルカによる福音書3章8節）。

モーセも、エジプトで奴隷として苦しんでいるイスラエル人を助けるため、神によって呼び出されましたが、それは、彼が80才の時でした。もはや、そのような大役を成し遂げる年齢でないことは明らかでしょう。しかも、彼自身、若い時にエジプト人を殺めて、ミディアンの地に身を隠す罪人だったのです（出エジプト記2〜3章）。

イエスの父親とされているヨセフも、家柄こそはダビデ王の子孫とされていますが、辺境の地、ガリラヤ地方に住む一人の大工にしかすぎません。イエスの母親であるマリアも、名前も知られていない、その地方に住んでいる一人の農夫の娘でした。

新石器時代の後期、神を知る最初の人間、つまり霊的命、ホモ・デヴィヌスの誕生の時が満ちたと考えられた神が、メソポタミアに住む、一人の農夫アダムを選んで、ご自身を現わされると共に、天地万物の創造と、そこに生かされて住む人間について、「夢」のなかで啓示されたと考えることは、それほど突飛なことではないように思われます。もちろん、ヤコブや他の人物の場合のように、聖書がはっきりと「夢」の中でと、書いていないので、これはあくまでも推測であることは言うまでもありません。聖書はなぜ、「夢」の中でと書かなかったのか。それは、ここに書かれた事柄が、徹底的に神学的であり、かつ研ぎ澄まされた芸術的形式によっているだけに、「夢」とすることによる、あらぬ誤解が生じる恐れを避けたのかもしれません。このモデルを考え出したアレクサンダーも、「夢」以外に、もっと良い別の説明ができるモデルがあれば、喜んでそれを受け入れると語っています。

（4）対話から見えてくる原初史の世界

このように、原初史が、人間を含めた天地万物の創造に関わる比喩的な説話であり、アダムとエバを、新石器時代に現れた最初のホモ・デヴィヌス、つまり神がご自身を啓示された最初の人間として受け入れるなら、先に第4章（3）で、「原初史の文学様式」の項で取り上げた様々な疑問も、自ずから氷解していくでしょう。

疑問1

4日目に太陽と月ができたにもかかわらず、1日目から3日目に朝と夕がある。

答え

原初史は科学を語るものではなく、ここにおいて、太陽と月を含む天地創造が神によってなされていることが宣言された。

疑問2

創世記第1章と第2章では、人間を含む被造物としての生命体の創造の順番が逆である。

答え

多くの注解書が指摘しているように、第1章と第2章は、それぞれ異なった資料に基づいており、それらを合わせることによって、創造の全体像をより明確に示した。

疑問3

最初の人アダムは、素手でエデンの園を耕したのか、それとも神が耕作の道具を自ら作って、彼に渡したのか。

答え

新石器時代として、鋤や鍬など農耕具は既に存在していた。

疑問4

最初の人間であるアダムとエバに、なぜ父と母がいたのか。

答え

アダムとエバは、当時多くいた人間の中から、神が一方的に選んだ典型的な農夫の夫婦であった。

疑問5

蛇はどうして賢いのか。また、人間の言葉を話すことができるのか。

答え

比喩的な物語である（「赤ずきん」の物語での狼のようなもの）。

疑問6

誰からも打たれることがないようにとカインにしるしを付けたのは、他にも誰か人がいたからではないのか。

答え

新石器の時代には、すでに数十万人の人間が地球上に住んでいたことが、考古学から分かっている。

疑問7

カインの妻はどこから来たか。町を建てるほどの大勢の人間がいたのか。

答え

前記疑問6に対する答えと同じ。

疑問8

人間の寿命が900才を超えるなど、考えるだけでも、ばかばかしい。

答え

旧約聖書では、長寿は神の祝福そのものであり、神によって創られたアダムの子孫が、アダムが犯した罪にもかかわらず祝福の中にあることを示している（アダムからイエスに繋がる子孫は、神の系図の中にある。ルカによる福音書3章23〜38節）。この生と死については、次節で詳しく考えてみたい。

疑問9

ノアが現代の大型客船にも相当するような巨大な箱舟を作り、全ての動物をその舟に乗せたとあるが、全く信じ難い。

答え

ノアの物語は、人間の罪がはびこったことに対する神の怒りと、それでもなお救おうとする神の憐みを示す物語として読むことができる。ヨナ書におけるニネベの人たちに対する神の憐みも、同時に思い起こさせる（ヨナ書3～4章）。

（5）アダムとエバが犯した罪とは

日本人は、一般的に罪とは、例えば殺人や、盗み、詐欺など、法律に違反することがらを思い浮かべるのではないでしょうか。たとえ法律に違反しなくても、道徳的な観点から、してはならないことをするとしたら、そのことも、広い意味で含まれるでしょう。

しかし、聖書が語る罪とは、このような意味での罪とは異なって、神との関係性の断絶を意味します。

神は、自分の似姿に人間をお創りになりました。つまり、人間は、神と心を通わせる存在、別の言い方をすれば、神と心を通わせることができる神の友として創られたのです。だが、人間は、自分の意志によって、自らその関係性を断ってしまいました。この破れがいかにして起こったか、また、どのようなものであったかについて、創世記第3章は、要約すると、以下のように記しています。

神は、アダムを土から創った後、エデンの園を耕し、守るようにされました。園の中央には、「命の木」と「善悪の知識の木」が植えられていました。神は、他のどの木からも取って食べてよいが、これらの木から決して食べてはならないとお命じになり、そして食べると死んでしまうと警告されました。蛇は言葉巧みにエバを誘惑しました。それは見るからにおいしそうでした。エバは「善悪の知識の木」からその実を取って食べ、またそれをアダムに渡し、彼も食べました。

新約聖書で、イエスは「私の命じることを行うならば、あなたがたは私の友である」とお語りになりましたが（ヨハネによる福音書15章14節）、アダムとエバは、その木から決して食べてはならないと、神に命令されていたにもかかわらず、自分の意志でその命令に背きました。友としての信頼に基づく関係性を、自から断ったのです。

この出来事をもって、罪がアダムとエバに入り、ひいては、人間全体が罪の中に閉じ込められることになったと聖書は語るのです。たったそれぐらいのことでと思うかもしれませんが、そうではないのです。キリスト教が全ての権威を神に帰する宗教であることを、この出来事を通して、聖書は明確に宣言しているのです。神ご自身の子であるイエスが十字架にかかって、その罪を贖わなければならないほどの出来事だったのです。

アダムとエバが何千年前かに犯した罪が、なぜ今ここにいる自分とかかわりがあるのか、不思議に思われるかもしれません。この二人は、神に背くことによって罪を犯しましたが、パウロも、「このようなわけで、一人の人によって罪が世に入り、罪によって死が入り込んだように、死はすべての人に及んだのです。すべての人が罪を犯したからです」（ローマの信徒への手紙5章12節）と書いているように、実は、全て例外なく私たち人間は、神から離れて自分の意志で行動しようという傾向、つまり「罪」への傾向があり、アダムとエバは、私たちすべてを代表する者、つまり私たちそのものなのです。世の中には、「人間中心主義」という言葉に満ちあふれています。人間は、ともすればこのような自分中心の勝手な価値観に誘惑されやすい存在であるということを、この出来事は明確に示していると言えるでしょう。

私たち人間は、その時々の状況によって、様々に揺れ動く不安定な存在です。金銭、名誉、地位ばかりではなく、不安、恐れ、ねたみ、敵意、等々、これらのことに煩わされることなく、生きている人がいるでしょうか。見かけ上は、そのようなことに煩わされずに立派に生活している人も、なかにはいるかもしれません。しかし、心の内ではどうでしょうか。

昔の人は、砂漠の中を旅したり、大海原を航海するとき、北極星を目印としました。それは、北極星が、いつも北の空に動くことなく定まって輝いているからです。北極星によって、いつも旅の方向の間違いが正されるように、絶対的な神が示される方向によって、私たちは、人生の旅路がいつも正され、神に守られながら安心して旅をすることができるのです。新約聖書はギリシア語で書かれていますが、「罪」とはハマルティアという単語の訳語で、もともとハマルティアという言葉は、射的などで使用される用語の「的はずれ」を意味しています。「罪」とは、的を外した矢、つまり神との関係性を見失った結果、人間のあるべき方向性を見誤った人生、それはまさに、砂漠や大海原で北極星を見失って、さすらう旅人に譬えることができるでしょう。

罪を犯したアダムとエバのその後の人生、つまり、的をはずした人生はどうだったでしょうか。ねたみと敵意に襲われたカインは、弟のアベルを殺してしまいました。人間における最初の殺人が、早速、起こったのです。カインは、エデンの東にある「ノドの地」、つまり、その言葉が意味する「さすらいの地」に住むことになったと聖書は記しています。

ここで、進化論との関連から、アダムとエバが犯した罪がどのようなものであったか、そしてそれがもたらした結果について、見ていきたいと思います。

人間を含む生命体としてのあらゆる被造物は、同じ命の木に繋がる家族であり、人間はその長子であることは、前に述べた通りです。神の似姿として創られ、鼻から息を吹き込まれたアダムは、神の代理人としてエデンの園を守り、世話をするようにされました。エデンの園とは、創世記第一章で、神が極めて良しと満足してその御業を終えられた、全被造物を含む地球環境全体と考えてよいでしょう。

新約聖書には、金持ち、あるいは王が、その財産を僕《しもべ》あるいは管理人に委ねて旅に出るという、イエスによる譬え話が多くあります。地球環境の点から見ると、このエデンの園の話は、それらの中でも、ルカによる福音書12章42～47節にある、次のような譬え話を思い起こさせます。

主人によって召し使いたちの上に立てられた二人の管理人がいました。主人の留守の間に、一人の管理人は主人の言いつけ通りに召し使いたちに時間通りに食事を分配したのですが、もう一方の管理人は、下男や女中を殴ったり、食べたり飲んだり、酔っぱらっていました。帰ってきた主人は、後者の管理人を厳しく罰したという話です。

神によって選ばれ、全被造物の管理者として立てられたアダムとエバは、神の言いつけに反して、善悪の知識の木から実を取って食べました。このことによって、二人は神の楽園であるエデンの園、つまり、神が傑作として創ったこの地球環境を、自分の欲望のままに汚してしまったのです。この出来事について、パウロが、このアダムとエバの罪によって、被造物も、虚無の世界に閉じ込められたと語っていることは前にも述べた通りです。

神の代理人として、そして全被造物の管理者として立てられた私たち人間は、神から委ねられた、この地球環境を汚すのではなく、しっかりと管理する義務があるのです。

ここでは、地球環境問題の観点から取り上げました。しかし、神に背くことは、人間の生き方の全てに、大きな問題を投げかけます。

アダムとエバも、創世記第2章にあるように、神が慈しんで、土をこねて手ずからお創りになった作品です。そして、何よりも、神の似姿、神の友として創られたのです。神は、この二人の反逆を大変悲しまれたことでしょう。二人は楽園を追放されました。しかし、慌てていちじくの葉で体を覆った裸同然の二人のために、神は皮で衣を作ってくださいました。さらには、カインをエデンの東、ノドの地へ追放されたとき、誰からも打たれることがないように、神は彼にしるしをつけられました。これらのことは、何を意味するでしょうか。それは、この二人、そしてその子孫である私たち人間が、いつの日か自分の罪に目覚めて、楽園に戻ってくることを願っておられたからではないでしょうか。

39巻からなる、分厚い旧約聖書は、何とかして人間を、ご自分の懐に戻そうとする神の愛と忍耐を語る書物です。しかし、人間は戻ってこなかったのです。神は、御子イエスを十字架にかけることによって、人間の罪を赦して、人間が父なる神、愛なる神のもとへと戻る道を、神ご自身の尊い犠牲によって切り開いてくださったのです。

（6）死と罪の問題

では、アダムとエバが犯した罪の結果、人間に入ったとされる死とは、いかなるものだったのでしょうか。

おそらく人間において最大の関心事は、死の問題でしょう。パウロが、「イエスによって、最後の敵として、死が滅ぼされます」（コリントの信徒への手紙一15章26節）と語っているように、聖書も、死を人間における最大の問題として捉えていることが分かります。死は避けることができず、誰にでも必ずやってくるのです。

しかし、この世に生きている者は、誰も、死後の世界を見た者はいません。自分自身の死は、考えるだけでも忌まわしく、あたかも明日も、生は、今日と同じようにあるものとして、私たちは、その日その日を過ごしているのではないでしょうか。

自分自身の死は別としても父や母、配偶者、子どもなどの肉親、親しい友人の死ほどつらいことはないと思います。リーゼント・カレッジに客員研究員として私を招いていただくためにお骨折りをいただいた、同大学のロス・ヘイスティングス教授は、最愛の奥様をガンで亡くされ、その悲しみの中から“Where Do Broken Hearts Go?（哀しみでぼろぼろに壊れた心はどこへ）”という本を書かれました。(注14) その本の中で、教授は、死がもたらす哀しみの根本は、関係性の喪失にあると述べています。

創世記第2章で、アダムを創ったあと、「人が独りでいるのは良くない。彼に合う助ける者を造ろう」と言って（18節）、神はアダムからエバをお創りになりました。創世記第1章においても、「男と女に創造された」と書かれています（27節）。

男と女、しかも赤の他人である二人が、夫婦として生きていく。ここにそ、関係性の原点があり、人間は他者との関係性において生きる存在であるということを、聖書はその冒頭において、はっきりと示しているのではないでしょうか。日本語でも、人間は「人の間」と書かれているように、一人で生きていくことはできないのです。死はその関係性を根本から断絶してしまいます。

自分自身の死について言えば、そのような他者の存在ばかりではなく、この世にあるすべての存在からの断絶、つまり徹底的な孤独、虚無の世界に、ただ一人で置かれることであり、それは、とても恐ろしく思われます。このような死の世界を、聖書では「陰府《よみ》」と呼んでいます。
他方、罪についても、パウロが「最も大切なこととして私があなたがたに伝えたのは、わたしも受けたものです。すなわち、キリストが、聖書に書いてあるとおりわたしたちの罪のために死んだこと、葬られたこと、また、聖書に書いてあるとおり三日目に復活したこと」と書いているように（コリントの信徒への手紙一15章3～4節）、キリスト教において、最も基本的な問題です。そして、ここにも書かれているとおり、死と罪は密接に絡み合っているのです。

死が、他者を含むこの世にあるすべてのものとの関係性の断絶による絶対的な孤独、つまり陰府の世界だと述べましたが、実は、「死の陰の谷を行くときも私は災いを恐れない。あなたがわたしと共にいてくださる」とあるように（詩編23編4節）、そのような陰府の世界にも神は共にいてくださり、さらには、「主の家にわたしは帰り、生涯、そこにとどまるであろう」とあるように（同6節）、永遠なる神の住まい、つまり永遠の命に招き入れてくださるのです。しかし、罪、つまり神との関係性の断絶は、そのような可能性をも閉ざしてしまいます。したがって、罪こそが、死よりも、なお一層、恐ろしいと言うことができるでしょう。

神は人間を選んで、ご自身の似姿に創られましたが、それは、神と心を通い合わせることができる存在として、人間が創られたことを意味するでしょう。つまり、人間の存在は、神との関係性の基礎の上にあるのです。また、創造の別の側面を語る第2章においては、神は、人間を土から創ったあと、その鼻からご自身の息を吹き込んで生きるものとしたとあります。

このように、罪と死は、共に関係性の断絶に関わっており、ここにおいても、両者は切っても切ることができない関係にあることが分かると思います。


聖書は、アダムとエバが、蛇の言葉たくみな唆《そそのか》しによって、食べてはならないと神から命じられていた「善悪の知識の木」から実をとって食べてしまい、そのことによって、最初の人間である二人に「死」が入り、それは、後々の世代へと受け継がれていったと語っています。

このアダムとエバの罪によって、人間に入った「死」について、それがいかなる「死」であったかを考える前に、聖書が語る「死」とは何かについて、考えてみたいと思います。

「死」について、旧約・新約聖書全体を通して見ると、三つの「死」が語られていることに、気付かされます。

まず第一番目の死は、言うまでもなく「肉体の死」です。このことについては、何も説明する必要はないでしょう。この世において、命あるもの、すなわち生命体は、命の長短はあるものの、すべて、必ず死ぬのです。人間を含めてあらゆる動物、植物、そして細菌まで、例外はありません。それらの命は、DNAや細胞など、同じ生命の仕組みによって生きているからです。

それぞれの個体は、死滅しますが、その特徴は遺伝子として保存され、次の世代に受け継がれていきます。その間に、遺伝子の変異によって、進化、すなわち多様化していくことは、進化論の章で述べた通りです。

第二番目の死は、「霊の死」（「霊的な死」）です。聖書では、先に述べたような意味での「罪」の中にある状態を、霊的な死としています。つまり、神に背を向けた状態、神との関係性が切れた状態を指します。肉体的には生きていても、そのような人間は霊的には死んでおり、このことは、とりもなおさず、実質的には死んでいると聖書は語ります。人間は、神から頂いた息によって生きるものとされ、神との関係性のなかにおいてこそ、真実の命があると考えているからです。

第三番目の死は、「第二の死」と呼ばれるものです。実際には、この言葉は新約聖書のヨハネの黙示録に四回しか出てきませんが、聖書が語る「永遠の命」に対する「永遠の死」に相当すると言ってもよいでしょう。第一の死も、第二の死も、イエスの十字架の贖いによって克服されますが、イエスも、「体は殺しても、魂を殺すことのできない者どもを恐れるな。むしろ、魂も体も地獄で滅ぼすことのできる方を恐れなさい」とお語りになっているように（マタイによる福音書10章28節）、終末の後においても回復されない、神からの永遠の隔離とも言うべきもので、真に恐れるべき死です。先にも述べた、神との関係性が切れたまま、つまり罪の状態にあるままでの、肉体的な死と考えてよいでしょう。それは、絶対的な孤独、虚無の世界ということになります。

第二番目の「死」と第三番目の「死」は、人間に固有の死のように思われますが、被造物の管理を神から委ねられた人間が、神に背いて罪に陥った結果、被造物も虚無の状態に押し込まれ、滅びへの隷属、つまり第二と第三の「死」に曝されていると、聖書は語っています（ローマの信徒への手紙8章19〜23節）。

第二番目の死をもたらす罪について語るとき、アダムとエバが罪を犯した結果、その後の全ての人間に罪が伝わった、つまり遺伝しているという言い方がよくなされます。果たして、罪の遺伝子というものが存在するのでしょうか。

分子生物学は、大変なスピードで、生命の謎を次々と明らかにしていますが、これまで、罪の遺伝子が見つかったという話は聞いたことはありませんし、また恐らくは、見つかることはないでしょう。もしも見つかったなら、ノーベル賞どころの騒ぎではないでしょう。人間が救われるのは、キリストの十字架による罪の贖いではなく、遺伝子工学によって、罪の遺伝子を取り除けばよいことになるからです。進化論との対話から、アダムとエバは、生物学的な意味での最初の人間ではなく、ホモ・デヴィヌスとして最初に神を知った人間であろうと述べましたが、そのような観点から見るなら、アダムとエバの罪の遺伝子がその後の人間の全てに伝わったということは、もちろん論外ということになります。

アダムとエバは、神に背くことによって罪を犯しました。しかし、「このようなわけで、一人の人によって罪が世に入り、罪によって死が入り込んだように、死はすべての人に及んだのです。すべての人が罪を犯したからです」（ローマの信徒への手紙5章12節）とあるように、アダムは私たちを代表する一人に過ぎず、私たちは全て、アダムと同じように罪を犯す存在であることを、パウロも明確に語っています。

それでは、アダムが「罪」を犯したことによって、入ったとされる「死」とは、先にあげた三つの「死」のうちの、どれに相当するのでしょうか。

まず、アダムが犯したことによって入り込んだ「死」を、旧約聖書の文脈から読み取っていく時、旧約聖書において、そもそも「死」についてどのように考えているのかという問題があります。創世記1章29節、30節において、神は、人間と、地の獣、空の鳥、地を這《は》うものなど全て命のあるものに、青草などあらゆるものを食べ物として与えることにしたことが書かれています。このことは、「肉なるものは皆、草に等しい」（イザヤ書40章6節）にあるように、青草も命ある生命体であり、今日的な言葉で言えば、「食物連鎖」、つまり、神は、第一の死は当然あるものとして、万物の創造において、その中に組み込まれたということになるでしょう。

また、このことは、なによりも神ご自身が、アベルによって捧げられた羊の初子を良しとしたこと（創世記4章4～5節）、また、清い家畜と清い鳥のうちから、ノアによって祭壇に捧げられた、焼き尽くす捧げ物を御心に留められたこと（創世記8章20～21節）からも、うかがい知ることができるでしょう。

また、人間の死については、アダムとエバの二人は、楽園で食べてはならないと神から命じられていた木から実を取って食べた結果、「人は我々の一人のように、善悪を知る者となった。今は、手を伸ばして命の木からも取って食べ、永遠に生きる者となるおそれがある」として（創世記3章22節）、神によって楽園から追放されましたが、そもそも神がエデンの園の中央に「命の木」を植えて、それを食べると永遠の命を生きるとして、それを食べることを禁じられたこと自体、アダムが罪を犯す以前から、肉体的な死は既にあったと考えるべきでしょう。

アダムの名前がアダマ（土）に由来していることからも、土から生まれた人間が、土へ帰ることが、当然のこととされていることが分かると思います。また、ヨブも「わたしは裸で母の胎を出た。裸でそこに帰ろう。主は与え、主は奪う。主の御名はほめたたえられよ」（ヨブ記1章21節）と、「肉体的な死」を当然のこととして受け入れています。

神は、このような「死」をも包含した創造そのものについて、「良し！」とされたことから、肉体的な「死」は、旧約聖書全体を通して見ても、至極当然のこととして描かれていると言ってよいでしょう。アダムの系図の中における唯一の例外として、エノクだけが死を経ずに神のもとに上げられたと記載されていますが（創世記5章24節）、創世記5章やその他の箇所で多く見られるように、多くの死が「〜年生き、そして死んだ」というように、淡々と記されています。

いまだ復活の思想が明確でない旧約において、死後の世界は、全体として、暗い影が漂う陰府の世界として描かれてはいますが、他方では、アブラハムは、「長寿を全うして息を引き取り、満ち足りて死に、先祖の列に加えられた」と書かれているように（創世記25章8節）、長寿での死は、祝福された死と見なされているのです。

このように、旧約聖書の文脈から見ていくとき、アダムによって、肉体的な死が初めて入り込んだと解釈することには、問題があるように思われます。事実、創世記第5章の記事によれば、罪を犯したアダムとエバはその後も生き続けて、カインとアベルという息子を得たばかりか、アダムは百三十歳になった時、別の息子セトをさらにもうけ、その後、八百年生きて、息子や娘をもうけたとあります（4節）。つまり、アダムは930年間生きたことになります。神と共に歩いて、死を経ずに神のもとに召されたエノクの寿命が三百六十五年であったのに対して（23～24節）、アダムの寿命は九百三十年で、しかも、この第5章にあげられたアダムの系図の中でも3番目に長寿であり、「そして死んだ」と、他の者と全く同じように、淡々と記されているのです（5節）。

よく言われているように、もしもアダムが罪を犯さず、よって「肉体的な死」がこの世に入り込まなかったとするなら、「産めよ、増えよ」という神の言葉に従って（創世記1章28節）、今頃、この地球上は、あらゆる生き物であふれかえり、都会での通勤電車のように、立錐《りっすい》の余地もないものになっていることでしょう。このように、アダムの罪とは関わりなく、動物も人間も、肉体的な死は、全進化の歴史を通して起こった必然であり、個人的な死への恐怖や、愛する者との死別による悲しみは別としても、地球全体の生態学的な観点からは、「肉体的な死」は極めて望ましいことが分かると思います。それればかりではなく、私たちの体の中の細胞そのものも、「ゆく川の流れ」(『方丈記』)のように、絶えず死んでいながらも新しく作り変えられ、そのことによって、朝ごとに新たにされる、尽きることがない神の慈しみと憐れみを受けながら(哀歌3章22節)、新しい命を生きていくことができるのです。

このように見ていくと、アダムの罪によって入り込んだ死とは、第三番目の「死」は別として、第二番目の「死」としての、「霊的な死」と考えるのが自然に思われます。「霊的な死」は、旧約聖書では明確に語られておらず、新約聖書において初めて真正面から取り上げられているものです。

人間の「肉体的な死」を、当然のこととして、たとえ受け入れたとしても、他方では、「永遠の命」を持つ神から命の息を吹き入れられて特別に創られた人間が、「永遠の命」を持つことができず、「有限の命」に閉じ込められることに、納得がいかないという思いは、確かにあると思います。しかし、「兄弟たち、わたしはこう言いたいのです。肉と血は神の国を受け継ぐことはできず、朽ちるものが朽ちないものを受け継ぐことはできません」とパウロが語るように（コリントの信徒への手紙一15章50節）、「有限の命」つまり「肉体の死」は、「神の国」つまり「永遠の命」を得るためには必ず通らなければならず、そして、死に打ち勝たれたイエスこそが、「私は道であり、真理であり、命である。私を通らなければ、誰も父のもとに行くことはできない」（ヨハネによる福音書14章6節）、「私は復活であり、命である。私を信じる者は、死んでも生きる」とお語りになったように（ヨハネによる福音書11章25節）、その「永遠の命」へ至る道を、私たちにお開きになったのです。

旧約聖書は、新約聖書を透かし絵のように語っていると言われていますが、まさに、創世記のこの箇所において、イエスが私たちを罪から救い出すために十字架の上で死んでくださり、そして復活されたことによって、イエスを信じる者も復活して「永遠の命」をいただくという、新約聖書の最も大切なメッセージが、おぼろげながらも、なおかつ明確に提示されているのです。

創世記冒頭に書かれたこれらの記事は、極めて新約的で、創世記冒頭において、新約へ至る道が、既にしっかりと敷かれていることが分かると思います。前に、聖書は旧約から新約まで、神の霊による揺るぎのない一貫した思想のもとに書かれていると述べましたが、このことによっても、そのことを知ることができるのではないでしょうか。

(7) 病気、痛み、悲しみ、自然災害

肉体の死は、あらゆる生命体にとって避けられない宿命であり、それは、また、この物理的にも限られた地球環境の中で全ての生命体が生きていくためには、なくてはならないものであること、また、それと同時に、死を伴う新しい生命の誕生は、進化にとっても必要であり、さらには、食物連鎖は、生命体の死を必然的に伴うことを見てきました。そして何よりも、「永遠の命」を受けつぐためには、避けて通れないことも見てきました。

このように見ると、寿命を全うした死は、決して忌まわしいものではなく、むしろ好ましいことなのです。

しかし、たとえ寿命を全うした死といえども、個々の死は痛ましく、悲しいこの世での永遠の別れであり、好ましいなどとは決して言えないことは自明です。特に、若くして事故や事件ばかりでなく、病気などで自分のお子さんを亡くされた方の悲しみは、言葉では表すこ

とができないほどのものでしょう。死の問題に解決を与えられたイエスさえも、友人であるラザロの死に対して、涙を流されたのです（ヨハネによる福音書11章35節）。

前にも述べたように、死とは、今まで共に生きてきた愛する者との、この世での関係性が、完全に閉ざされることを意味するからです。

死はもとより、病気や、痛み、悲しみがないとしたら、人間は何と幸福でしょう。しかし、よくよく考えてみると、もしもこの世に病気がないとしたら、人間は摂生を怠り、逆に死を早めるでしょう。もしも痛みがないとしたら、人間は平気でナイフで自分の体に傷をつけたりして、これも死を早めるでしょう。もしも、悲しみがないとしたなら、人間はどのようにして喜びを感じるのでしょうか。

もしも死がないとしたら……。「一粒の麦は、地に落ちて死ななければ、一粒のままである。だが、死ねば、多くの実を結ぶ」（ヨハネによる福音書12章24節）とお語りになったイエスは、私たち全人類のために、体から吹き出す血潮と、「わが神、わが神、なぜ私をお見捨てになったのですか」という叫びと共に、あのゴルゴタの十字架の上で、若いご自身の命をお捨てになりました。死を考えることは、すなわち、この世で与えられた生を考えることであり、いかにして生きるか、つまり人生を考えることでもあるのです。

２０１１年3月11日の東日本大震災は、行方不明者を合わせると2万人に近い人が亡くなり、また、多くの財産が失われるという、大惨事でした。この他にも、火山による噴火や爆発、台風による雨や風の被害、集中豪雨による被害など、自然災害は後を絶ちません。

火山の爆発は、地球の中心部がまだ高熱で溶融状態にあり、そのことの故に、時として溜まったマグマが火山の爆発として噴出して起こることが知られています。同様に、地震も、マグマが冷えて固まるにつれて、収縮し、それに伴う地下プレートの移動によって起こります。これらのことは、地球が約46億年前にできた時、炎の塊のようでしたが、次第に冷めて、現在の状態にあることと深く関係しています。現在私たちが住んでいるこの素晴らしい地球環境は、このような地球の歴史にかかわる地球内部の状態を抜きにしては存在し得ないのです。

では台風はどうでしょうか。赤道近くの海が太陽からの熱によって温められて水蒸気として蒸発し、地球の自転に伴う貿易風と偏西風によって、地球の他の部分へと発達しながら移動していくことに起因しています。一方、通常の雨も、海面などから水が蒸発して雲となって、やがては雨となって降ります。つまり、台風も、恵みの雨も、同じように海面からの水の蒸発によって起こるのです。従って、水温が高い赤道付近で海水が多く蒸発し、より多くの水を含んだ雨雲が発達することは当然のことで、このことを忌避することは、恵みの雨をも忌避することにも繋がるのです。同じように、この忌まわしい貿易風と偏西風をもたらす地球の自転も、毎日毎日、朝、昼、夜という素晴らしい恵みを与えているのです。

時には耐えられないほどに悲しいことですが、私たちは、このような現実を受け入れなければならないのです。全てのことがらには、プラスがある限り必ずマイナスがあり、また、コインに表と裏があるように、一方だけを欲しいと思っても、それが叶うことはあり得ません。聖書は、このような厳しい現実社会のただ中にあって、私たちが人間として、いかに生きるかを語る書であって、キリスト教は、ご利益宗教ではないのです。まさに、ヨブが耐え難い苦しみの中で、「私たちは、神から幸福をいただいたのだから、不幸もいただこうではないか」と叫んだ通りです（ヨブ記2章10節）。

このように、苦難は誰にでも起こりますが、しかし、神は、私たちをそのまま苦難の中に打ち捨てておかれる方ではないのです。イエスも「疲れた者、重荷を負う者は、だれでもわたしのもとに来なさい。休ませてあげよう」とお語りになって（マタイによる福音書11章28節）、私たちの重荷を共に担ってくださいます。マーガレット・パワーズというアメリカの女性詩人に「あしあと」（太平洋放送協会〈ＰＢＡ〉、１９９６年）という美しい詩があります。

ある夜、わたしは夢を見た。
わたしは、主とともに、なぎさを歩いていた。
暗い夜空に、これまでのわたしの人生が映し出された。
どの光景にも、砂の上にふたりのあしあとが残されていた。
ひとつはわたしのあしあと、もう一つは主のあしあとであった。
これまでの人生の最後の光景が映し出されたとき、
わたしは、砂の上のあしあとに目を留めた。
そこには一つのあしあとしかなかった。
わたしの人生でいちばんつらく、悲しい時だった。
このことがいつもわたしの心を乱していたので、
わたしはその悩みについて主にお尋ねした。
「主よ。わたしがあなたに従うと決心したとき、
あなたは、すべての道において、わたしとともに歩み、

わたしと語り合ってくださると約束されました。
それなのに、わたしの人生のいちばんつらい時、
ひとりのあしあとしかなかったのです。
いちばんあなたを必要としたときに、
あなたが、なぜ、わたしを捨てられたのか、
わたしにはわかりません。」
主は、ささやかれた。
「わたしの大切な子よ。
わたしは、あなたを愛している。あなたを決して捨てたりはしない。
ましてや、苦しみや試みの時に。
あしあとがひとつだったとき、
わたしはあなたを背負って歩いていた。」

一方で、当座はマイナスと思われることも、後になればそれがプラスと思われることは、私たちが多く経験するのではないでしょうか。聖書も、「およそ鍛錬というものは、当座は

喜ばしいものではなく、悲しいものと思われるのですが、後になるとそれで鍛え上げられた人々に、義という平和に満ちた実を結ばせるのです」（ヘブライ人への手紙12章11節）と、苦難の中にある私たちを慰め、励ましてくれます。

病気を経験した人でないと、健康のありがたさを感じることはできないでしょう。それも単なる風邪のようなものではなく、死ぬような大病をした人ほどその喜びは大きいでしょう。苦労や苦難もおなじです。涙でイエスの足を濡らし、髪の毛で拭ってくれた罪深い女を非難したファリサイ派の人に対して、イエスは「この人が多くの罪を赦されたことは、わたしに示した愛の大きさで分かる。赦されることの少ない者は、愛することも少ない」とお語りになったことを思い出したいと思います（ルカによる福音書7章36〜48節）。

大震災、そしてその後に起こった津波で多くの方がお亡くなりになりました。それは、私、あるいはあなたであったとしても何ら不思議ではなかったでしょう。たまたま、そこに居なかったからに過ぎません。もしも、あなたが今、幸せなとき、嘆きの底にある人が、今、おられるのです。私たちの幸せは、このような人たちの嘆きの上にあると言ってよいのかもしれません。生物は負のエントロピーを餌として生きているとした、物理学者シュレディンガーの言葉が、ここで思い出されます。

イエスの誕生は、私たち人間への最高のプレゼントでした。しかし、それと同時に、ベツヘレムとその近辺にいた二歳以下の男の子が、ヘロデ王の命令によって全て殺されたと、そして、その地には、激しく嘆き悲しむ声が満ちあふれたと、マタイによる福音書は記していますます（2章16節）。イエスの誕生の陰にも、このような悲しみがあったことを、聖書は隠さずに記録しています。

創世記4章で、アダムとエバが楽園を追放されたあと、彼らの子どもであるカインとアベルは、神に感謝の献げ物を捧げました。カインは土からの実りを捧げ、他方で、アベルは羊の群れの中から肥えた初子を捧げました。神は、アベルとその献げ物には目を留められたが、カインとその献げ物には目を留められなかったとあります（1～6節）。この箇所は、聖書における最初の動物犠牲の記事です。神は、もちろん最後までやり通すことはなされなかったが、長子であるイサクの犠牲を、アブラハムにお求めになりました。旧約聖書において、神への祈りには、いつも動物犠牲が伴っていることが分かります。つまり、買い取りを意味する、「贖《あがな》い」の精神です。私たちは、何事においても、何らかの犠牲なしには、喜ばしい結果は得られないということでしょう（入試など、私たちが経験している通りです）。

そして、何をおいても、私たちの救い、罪の贖いは、あの十字架の上での、イエスの空前絶後の苦しみ、貴い犠牲によってもたらされたのです。私たちは、このイエスを私たちの罪からの「贖い主（redeemer）」として、お慕いし、従っていくのです。

（8）キリスト教は自然を破壊する宗教か ――「多神教的自然観」との対話

キリスト教との対比で、日本でよく耳にする言葉に次のようなものがあります。曰く、「キリスト教は、一神教で、自然破壊をする宗教である。他方、日本の宗教は、多神教なので、自然を破壊しない」と。

科学と聖書の関係が、これまで、必ずしも平和であったとは言い難く、これらの衝突や攻撃が、それぞれの誤解に基づくものであり、互いがそれぞれを「真理」として認めあったときにもたらされる対話について、特に進化論と原初史の関係を例として、これまで考えてきました。

言われているように、「キリスト教は一神教なので、自然を破壊する宗教」なのか、このことについて考えると共に、いわゆる「多神教的自然観」との対話を、これまで進化論と聖書の対話の中で議論してきた方法を参考にしながら、試みてみたいと思います。

進化論と聖書の間で対話を開始するにあたり、それぞれにある誤った用語を含む様々な誤解を解きほぐす作業から始めましたが、ここでも用語の整理を含む同じような作業が必要でしょう。

まず、「キリスト教は一神教なので自然を破壊する」と言うとき、「一神教」と「自然破壊」が、なぜ一本の線で結ばれるのか。その間には、多くの因果関係があるはずですが、多くの人は、それぞれの因果関係を厳密に検証しないままで、何となく、そのような「一神教＝自然破壊」という等式のなかで、理解しているのではないでしょうか。いわゆる「風が吹けば桶屋が儲かる」式の考えと言ってもよいでしょう。今でも根強くある「進化論＝聖書の敵」という考えが、それぞれを正しく理解していないことに起因していると、述べてきましたが、「一神教＝自然破壊」は、このこととも、相通じるように思われます。

他方で、「日本人の宗教は……」と語るとき、「日本人の宗教」とは何なのか、はっきりさせる必要があるでしょう。仏教なのか、神道なのか、創価学会なのか、宗教と呼んでよいのかどうか分かりませんが「生長の家」なのか。そして、もちろんキリスト教も、日本にはあるのです。そして、それぞれの宗教は、それぞれ独自の自然観を持っています。従って、「日本人の宗教」とキリスト教と対比させるためには、その対象がどの宗教であるかを明確にする必要があるでしょう。

イザヤ・ベンダサンと名乗った思想家の山本七平は、日本人が総じて信じている宗教とは、「日本教」であると看破しました。(注15) 多くの日本人は、正月や七五三には神社へお参りし、お葬式やお盆にはお寺へ行き、結婚式はホテルにある「教会」で行い、クリスマスには昔ほど大騒ぎすることは少なくなったようですが、それでもプレゼントを交換し、ジングルベルの歌と共にサンタクロースが町にあふれます。この国では、キリスト教は「一神教」として特別視されているにもかかわらず、他方では「多神教」の神々の一つにしか過ぎないのです。このような日本人の宗教観は、よく言えば寛容、悪く言えばその時々においていかようにも変わることができるご都合主義ということができるかもしれません。このような総体を指して、山本七平は、「日本教」と名付けたのでしょう。果たして、「日本教」は宗教か。

「日本は多神教なので、自然破壊をしない」についても、なぜそういう結論になるのか。キリスト教国とされる欧米諸国と比べて、「多神教」を自認する日本の方が、自然破壊が少ないと、胸を張って言えるかどうか、もう一度、胸に手を置いて考えることが必要ではないでしょうか。ちなみに、多神教として知られているギリシアでは、古代ギリシア時代から森林の伐採が進み、紀元3世紀ごろにはほとんどの木が切り尽されたとされています。

話が本題から離れますが、ついでに、日本でよく耳にする「キリスト教は一神教なので戦争をする」という言葉についても、考察してみたいと思います。

まず、多神教は戦争をしないのか。多神教を自認する日本人が、過去において、戦争をしなかったかどうか、過去の歴史をひもとけば答えは明らかでしょう。今日においても、NHKの大河ドラマで視聴率が最も高いのは、戦乱に明け暮れた戦国時代のドラマであることが統計的にも示されています。よく知られているように、古代ギリシアは多神教でした。ギリシア神話には、多くの神々がでてきますが、そこには神々の残酷な殺し合いが描かれています。梅原猛は、ギリシアには民族同士の血を血で洗う激しい戦争があったことがその背景にあったと推察しています。

それは、キリスト教においても、例外ではありません。イザヤ書のなかに「主は国々の争いを裁き、多くの民を戒められる。彼らは剣を打ち直して鋤とし、槍を打ち直して鎌とする。国は国に向かって剣を上げず、もはや戦うことを学ばない」とあるように（2章4節）、「一神教」であるキリスト教の神は基本的に平和を希求するものであるにもかかわらず、戦争をしているのです。

ここで、キリスト教における「一神教」が、最も端的に現されているのは、旧約聖書の出エジプト記20章3節です。そこには、モーセに与えられた「十戒」の第一番目の戒めとして「あなたには、私をおいてほかに神があってはならない」と記載されています。このことに関しては、すぐその後に「主である私は、熱情の神」、口語訳では「ねたむ神である」と書かれていることに注目する必要があるでしょう（同5節）。つまり、ねたむ＝嫉妬する心は、愛の裏返しです。愛がないところに、嫉妬が起こることはないからです。主である神は、ねたむほどまでに私たちを愛しておられるのです。その愛は、独り子イエスを十字架にかけてでも私たちを救い、愛しぬくという、まさに熱く激しい愛です。この戒めは、こうまでして愛している自分を決して裏切って欲しくないという、神からの熱烈なラブレターなのです。キリスト教では、神の愛は夫婦の愛としてしばしば譬えられます。だから、結婚式は、教会でなされるのです。「隣人の妻を欲してはならない」と十戒の第10番目の戒めの中でも語られていますが（同17節）、もしも、心から愛してやまない妻、あるいは夫が、他の男性あるいは女性に思いを寄せたとしたらどうでしょうか。主なる神は、到底それに耐えることができない、そのようなことをしないで欲しいと、心のうちを激白しておられるのです。「神は愛です」（ヨハネの手紙一4章16節）と、記されている通りなのです。

私たちを愛するが故に十字架におかかりになったイエスは、「私の言葉を聞いているあなたがたに言っておく。敵を愛し、あなたがたを憎む者に親切にしなさい」（ルカによる福音書6章27節）、「悪人に手向かってはならない。だれかがあなたの右の頰を打つなら、左の頰をも向けなさい」（マタイによる福音書5章39節）と、徹底的な無暴力、平和を説き、そして、神ご自身も、その十戒の第6番目で「殺してはならない」と、はっきりと戦争を否定しておられるのです（出エジプト記20章13節）。


進化のところでも述べたように、人間は、狩猟採集民から、新石器による農耕具の発達と共に、定住した農耕民へと移っていきました。貯蔵可能な穀物類などの食料の増産に伴い、人口も増えて、社会における職業の分化と階層分化が起こりました。より豊かな土地を求める結果、そこには、当然のことながら、以前にも増して、領地・領土の問題が生じたことでしょう。戦争は、多神教であろうとなかろうと、太古の時代からあったのです。

キリスト教は、このことを、欲望、妬み、不和、敵意など、人間の誰もがもっている人類の罪の結果とみなしています。多神教やキリスト教が戦争を起こすのではなく、罪深い人間が戦争を起こすのです。世の中には、あたかも宗教が戦争を引き起こすという印象を与える「宗教戦争」という言葉がありますが、宗教が戦争を起こすのではなく、繰り返しになりますが、その宗教を間違って、あるいは自分に都合よく解釈して利用——端的に言えば悪用——して、人間が戦争を起こすのです。もしも、戦争を是認している宗教があるとすれば、それは宗教と呼ぶべきものではないでしょう。生きとし生ける物を愛し憐れむ心——それは、神の似姿に創られた人間が誰でも持っている——こそが、他方において、人間が生まれ持っている戦争を起こすという罪への傾向から、私たちをあるべき姿に引き戻すのではないでしょうか。

これまでの議論から、いわゆる「一神教」であるキリスト教、あるいは「多神教」の故に、環境破壊や戦争が起こったのではないことは、お分かりになったと思います。

梅原は、デカルトを始祖とする近代西洋の合理主義哲学——英国の歴史学者のアーノルド・トインビー(Arnold Toynbee, 1852~1883)も語るように、それは理性を媒介としてギリシア哲学とキリスト教を父と母として生み出された——が、人間中心主義、科学技術文化につながり、その結果として、人間に多くの物質的な恩恵をもたらしたが、その反面、深刻な自然破壊をもたらしていると主張しています。

ここで、デカルト哲学の一方の親とされているキリスト教において、「神の似姿」を「理性」として、人間が他の被造物に対して、何か特別な地位を与えられたとする考えは、聖書の全体から見ると、大きな問題を含んでいると言わざるを得ないでしょう。「人間に臨むことは動物にも臨み、これも死に、あれも死ぬ。同じ霊をもっているにすぎず、人間は動物に何らまさるところはない」（コヘレトの言葉3章19節）、「肉なる者は皆、草に等しい。永らえても、すべては野の花のようなもの。草は枯れ、花はしぼむ。主の風が吹きつけたのだ。この民は草に等しい」（イザヤ書40章6～7節）を見るまでもなく、人間は被造物として、神の前には動物や植物と何ら変わることがないことを、聖書はいたるところで語っているのです。

また、デカルト哲学から発展してきたとされている「人間中心主義」も、あらゆることが神の主権のもとにあるとするキリスト教とは相反するものと言わざるを得ません。このように見ていくと、地球環境の破壊は、梅原が指摘するように、デカルトの哲学がその源流にあるとしても、それは、あくまでも「神の似姿＝理性」としたデカルト自身の聖書理解、また、近世以降に広く行き渡った偏《かたよ》った聖書理解によるものであり、本来、聖書が語っている教えとは、遥かに離れたものであることは否めないでしょう。確かに神は、創造の御業において森羅万象のすべてにわたって秩序をお与えになった理性に富むお方ではあるが、それと同時に、子なるイエスを通して現されているように、愛と憐れみに富んだお方であり、また創世記1章2節に「神の霊が水の面を動いていた」とあるように、霊的なお方でもあるのです。(注16)純粋な科学理論である進化論が、人間の思惑によって様々に解釈され、利用されてきたように、純粋な聖書も、人間の都合に合わせた理解によって、誤った方向に向かう危険性があるのです。前に、「罪」について「的を外した矢」と述べましたが、人間は常に的を外す傾向、つまり罪を犯す傾向にあり、昔の人が北極星を見上げながら旅をしたように、いつも聖書に立ち戻って謙虚に神の言葉に耳を傾け、軌道を正していくことが何よりも大切に思われます。

人間は、神の傑作である地球環境の管理をするという尊い任務を委ねられましたが、全被造物の長子として、かつ神の似姿に創られ、神の代理人として選ばれた人間が、自分勝手に被造物を取り扱うことが許されていないことは、これまでにも述べてきた通りです。

さらに、この任務の中には、被造物の管理者として生物多様性の保護が含まれていることも、聖書が次のように語っていることから知ることができます。すなわち、ノアは、洪水に際して、神の命令に従って、全ての命あるもののつがいを箱舟に入れて、その命を守りました（創世記6章19〜22節）。また、預言者ヨナを通した神の警告を真剣に受け止めたニネベの王は、そこに住む住人だけではなく牛、羊など家畜をも含む全てのものに、断食と悔い改めを命じ、神はこれをよしとして、住人はもとより、全ての家畜の命も守られたのです（ヨナ記3章5〜10節）。

キリスト教国における「動物園」、「植物園」は、そもそも、この聖書にある「ノアの箱舟」の考えから来ているとされています。彼らにとって、「動物園」は、動物を見せるための見世物小屋ではないのです。このような基本的な考え方を理解していないと、国連がなぜ「生物多様性保護」に力を入れているのか、クジラを初めとして絶滅の危機に瀕している「種」の保護にあれほどまでにこだわるのか、理解できないでしょう。

実に、クリスチャンは、現今の大きな課題である、地球環境と生物多様性の保護について、他のどの宗教にも増して、明確な形で、神からの責務を負っているのです。

梅原は、狩猟採集民として進化してきた人間が最初に出会ったアミニズムは、人類共通の信仰であり、原始社会に広くあった、太陽、月、山、石、森、木、動物等、いろいろなものの中に霊魂が宿っているとするアミニズムに基づいた信仰心、そしてそれからの発展である天台本覚思想である「草木国土悉皆成仏《そうもくこくどしっかいじょうぶつ》」（一木一草《いちぼくいっそう》の中に大日如来が宿っている）を、地球の環境と生物多様性の保護の観点から、今こそ改めて見直すべきだと主張しています。

一方、聖書は、神が、太陽や月を含めて森羅万象のそれぞれを、その都度「良し」と満足して創られたと記しています。そして、生命体について言えば、それは、46億年間にわたる長い生物多様化のプロセスであり、その全過程において、昼も夜も休むことなく神が係わっておられたことを、進化論との対話のなかで見てきました。別の言葉で置きかえると、それぞれの生命体を含む森羅万象には、神の大いなる愛が宿っているのです。パウロも「世界が造られたときから、目に見えない神の性質、つまり神の永遠の力と神性は被造物に現れており、これを通して神を知ることができます」と記しています（ローマの信徒への手紙1章20節）。

ここにおいて、梅原が主張する「草木国土悉皆成仏」のような「多神教的自然観」と、キリスト教は、地球環境保護の基本的立場において、完全に一致していることが分かります。世界の宗教は、地球の環境と生物多様性の破壊の責任を、互いに相手に押し付けるのではなく、それぞれが、自分自身の責任を各々の教えの中に見出し、共に行動することが望まれているのではないでしょうか。

私たちは、神がお与えになったこの素晴らしい地球環境を、子や孫、そしてそれに続く世代に、しっかりと残していく責務があるのです。いやむしろ、より良い環境にして残すことを、神は私たちに期待しておられるのです。このことに関して、これも、旅に出た主人と、その財産を預かった僕についての、イエスの譬え話 —— 主人から5タラントンのお金を預けられた僕は、さらに5タラントンを儲けて、帰ってきた主人に褒められたが、1タラントンのお金を預けられた僕は、何もせずに地中に隠して、主人の怒りを買ったという話 —— が、参考になるでしょう（マタイによる福音書25章14～30節）。

また、梅原が「草木国土悉皆成仏」の観点から、原子力発電を厳しく批判していることは、よく知られているところです。そして原子力発電の推進の責任が、デカルト哲学に連なる科学技術文化にあるとしています。デカルト哲学がギリシアの哲学とキリスト教の結合によってなったものとしていることから、その土台としてのキリスト教が暗に非難されています。しかし、ここでのキリスト教が、「デカルトの解釈に基づいたキリスト教」であることは、これまで述べてきた通りなので、これ以上、繰り返すことはいたしません。ご参考のために、一つの例として、「一神教」であるキリスト教国であるドイツが原子力発電と決別することを決断した一方で、自然に優しい「多神教」を自認する日本が、依然として原子力を国家の経済発展の柱として位置づけ、しかも、海外へのプラント建設まで推進しているということを、指摘しておきたいと思います。

ここでも、互いに相手を非難するのではなく、それぞれが協力をして、この問題に対処していくことが、何よりも重要だと思われます。

先進国と言われる日本で、原子力発電所の事故が起こったということは、世界のどの発電所で起こっても何ら不思議ではないことを意味するでしょう。地震とそれに続く津波による「想定外」という言い訳が流布していますが、原子力発電所の事故には、どのような言い訳も許されません。スリーマイル、チェルノブイリ、福島と過去に3度も大きな事故を起こしているのです。事故だけではなく、テロの脅威にもさらされています。起こってはならないことですが、戦争がもしも起これば、ミサイルのターゲットは当然のこととして原子力発電所が含まれるでしょう。それは原子爆弾と同じ効果をもたらすからです。そして、世界には、開発途上国も含めて、約450基もの原子力発電所があるのです。

しかも、原子力発電所からの廃棄物から出る放射能が無害なレベルに下がるまで、ホモ・

サピエンスが現れてから今日までの20万年間の実に半分に相当する10万年の年月がかかるとされています。地球上の至るところに建設されている、これらの大量の発電所の耐用年月も近づいています。私たちは、私たちの後に続く世代の途方もない不安・不幸を担保として、もっと豊かな生活を追求しようとしているのです。

世界に数ある宗教が、それぞれがよって立つ「真理」による対話によって、それぞれの教えの違いを認めつつも、その違いを乗り越えて、共に手を取り合って協力し、核兵器はもとより、この原子力問題を含む環境問題に関わっていくことが、今、特に求められているように思われます。

私たちが住むこの地球環境は、あらゆるところに神の霊が宿る、神の芸術作品です。私たちは、この素晴らしい地球環境を、これから後、幾世代にも続く子や孫はもとより、全被造物のためにもしっかりと守り、しかも、よりよいものとして引き継いでいく尊い任務を、神から委ねられているのです。

遥かに遠い西アジアで生まれ、一方で神話ともされているように、地理的にも時間的にも遠く、一般の日本人にとっては縁もゆかりもないような創世記の世界が、グローバル市民としての現代の私たちに、今も生き生きとして語りかけてきていることを、読者におかれて、本書を通して少しでも身近に感じていただければ、著者にとってこれ以上の喜びはありません。

また、クリスチャンでありながら、あるいは、キリスト教信仰を求めていながらも、科学と聖書の関係、なかんずく進化論と創世記の関係について、多少とも疑問を感じておられる方にとって、本書が少しでもお役に立てればと、心より願う者です。

さらに、急速に発展している科学の進歩により、地球における人間を含む生命体、環境の維持そのものが危機に瀕しているこの時代にあって、科学と宗教がしっかりと向き合って対話をし、人間のあるべき姿を追求することは、私たち現代を生きる者にとって喫緊の課題となっています。本書がこの問題に関して読者において何らかの示唆を与えることができればと願います。

あとがき

本書の執筆を閉じるにあたり、一介の元化学研究者にしか過ぎないこの私が、なぜ本書を書くことに至ったか、その経緯「思えば遠くへ来たもんだ――私の化学から神学への長くも不思議な旅」を以下に記して、あとがきといたします。

思えば遠くへ来たもんだ――私の化学から神学への長くも不思議な旅

1969年8月27日、その年の春に結婚した私たち二人は、当時の慣例に従って多くの万歳に送られて羽田空港を発ち、すでに秋の気配が漂う、いかにも北国らしくひっそりとしたバンクーバー空港へ到着した。1ドルが360円、慢性的なドル不足のためドルの持ち出しが制限され、巷では闇ドルが流通していた時代。もちろん、まだ成田空港もジャンボ機もないD

C−8機の時代である。当地のブリティッシュ・コロンビア大学（UBC）の大学院で、化学の勉強をするためであった。だが、それは、少年の頃から抱いていた、いつの日か外国へ行ってみたいという夢・憧れのようなものをかなえるためでもあった。外国への旅は、ビジネスマンや有名人など、一握りのエリートだけのものであり、一般の日本人にとって、外国とは、映画やテレビで見るだけの時代であった。

そして、2019年8月27日。リーゼント・カレッジで「科学と神学」について客員研究員としてお招きをいただいた私たちは、思い出をたどるように、丁度50年目のその日、成田を発ちバンクーバーへ向かった。成田空港は、夏休みを終えた帰国客で、またバンクーバー空港も、あふれるばかりの旅行客で混み合っていた。自分で自分自身の顔認証をするという不思議で込み入った手続きをしたあと、ポーターの助けを借りて、やっとのことで6個の大きな荷物と共に、大型のタクシーに乗り込むことができた。

空港の混雑を抜け、フレーザー川の大きな橋を渡ると、青い空の下、ようやく懐かしい緑の街並みが現れた。私たちがあらかじめ契約していたアパートは、UBCのすぐ前であった。すぐ前と言っても、この大学には、塀も門もない。私たちが住む部屋は、このアパートの7階にあり、窓を開けると、大学のゴルフ場、そしてその背後には、大学の一部をなすパシフィック・スピリット・リージョナル・パークに連なる広大な森林が広がり、すでに幾分黄ばんだ巨大な楓の並木道を伴ったユニバーシティ・ブルーバードがその間を縫うように走っていた。その光景は、心に描いていたものと何ら変わることはなかった。私は、湧き上がる懐かしさと共に、一気に50年前に戻っていくようであった。何をおいても、私が若いころに学んだあのキャンパスを見たい。私は翌日、朝食を済ませると、すぐにキャンパスへと足を運んだ。

UBCは世界でも有数の広大な敷地を有する大学である。市内から走ってきた公共のバスを使って、そのまま大学の中心部へ行くこともできるが、私は、心地よい青空の下、ゴルフ場と森林の中、楓の並木道を辿り歩いて行くことにした。いろいろなことが、次から次へと頭の中で思い出となって

現れた。ＵＢＣの中でも最も背が高く、ハイライズと呼ばれていた私たちが住んでいた学生のためのアパートは、森に囲まれ、リスが木々の間を跳ねて走り、親子のアライグマもときおり現れては、ここで生まれ育った長男を驚かせ、かつ喜ばせたものであった。

30分ほど歩いて並木道を抜けた途端、私は、ＵＢＣとは違う大学に来たのかと、一瞬、我が目を疑った。バンクーバーはカナダの西海岸にあって、太平洋への窓口として栄えている港町である。ＵＢＣは三方を海で囲まれた半島の先端にあって、その北側は多くの船の航路になっている。かつて、折からの濃霧に、霧笛が低くこだまする中、まるで映画のシーンのように、巨大なポプラの木の陰から若い男女が、濃い霧の中をひっそりと肩を寄せ合うようにして現れたと思われる場所には、あたかもそのようなセンチメンタリズムを完全に拭い去ることを意図したかのように、様々な大学の建物が林立し、その上、いたる所で工事が行われており、騒音と埃をまき散らしていたのである。

今日、多くの店やレストランが並ぶ道、あるいは場所を一般的にモールと呼んでいるが、もともとは、ウェブスター辞書などによれば、モールとは木陰の緑の遊歩道、散歩道を意味していたようである。メインモールやウェストモールなどと昔ながらの名称で今も呼ばれている、かつての静かで巨大な木陰の散歩道は、まさに現代のモールさながら、それぞれの建物の一階部分は、学生のためのレストラン、カフェ、ドラッグストア等によって占められ、もちろん学期の始めということでもあろうが、その通りには、いろいろな人種の学生があふれ、その間を縫って、時折走り抜けるスケートボードにも気をつけねばならないという有様であった。半世紀という時は、やはり想像を超えて長く、そして、確実に流れていたのである。

踏切りの側に咲く　コスモスの花ゆらして
貨物列車が走り過ぎる　そして夕陽に消えてゆく
十四の頃の僕はいつも　冷たいレールに耳をあて
レールの響き聞きながら　遥かな旅路を夢見てた
思えば遠くへ来たもんだ……

何故かその時、中原中也の「頑是ない歌」に触発されて作られたとされている、同郷の歌手武田鉄矢の、どことなく哀愁をおびた懐かしい歌声が、私の耳の奥でこだましました。思えば遠くへ来たもんだ……。

明治の面影がそのまま残っていた赤煉瓦の旧博多駅。そこでも皆の万歳に送られた。私の母、義父、義母はもとより、兄や姉、恩師、学友、そこにいた多くの懐かしい人は、もうこの地上にはいない。皆に見送られながら、私たち二人を乗せた夜行列車は、鉄路に軋む車輪の音と、高く空に響き渡る汽笛と共に、転轍機によって東京への鉄路を、多くの枝別れをした鉄路の中から選び取りながら、夕暮れになずむプラットホームをゆっくりと離れていった。今にして思えば、それは、私たちの人生の旅路において、自分自身では見ることができない、神の転轍機によって導かれた、今日に至る大きな、大きな岐路だったのだ。

一体、いつの頃から私は神を求めたのだろうか。いや、神に捉えられたのであろうか。

それは、私が九州大学の大学院の一年生の時であった。日頃から海外にあこがれていた私は、その頃交際していた妻に、「外国に留学ができたらいいなー」という夢のようなことを、半ば冗談、半ば本気で語ったことがあった。それをまともに受け取ったのか、私の英語が箸にも棒にも掛からないことを知っていた彼女は、早速に、彼女の母校である西南学院大学教授のフィルダー先生による西南学院教会のバイブルクラスに、私を連れていってくれたのであった。その上、ホートン教授にもお願いして、先生のご自宅で行われていた、福岡の財界のお歴々に対するキリスト教の勉強のための集まりに、学生にもかかわらず出席させていただくようにと取り計らってくれたのである。その時、私の関心は英語の勉強だけにあったが、それぞれの先生のキリスト者としての暖かいお人柄は、今でも私の心の奥底に大切なものとして残っている。

加えて、次のような出来事もあった。それは、UBCに留学した最初の試験の時であった。秋学期、慣れない英語での授業であったが、それだけに試験の準備には万全を期したつもりであった。しかし、私の博士研究の指導教官でもあるスチュアート教授の試験は、私がこれまで日本の大学で経験をしたこともない、全く意表を突くものであった。手渡されたのは、学会では一流誌として一目置かれている、アメリカ化学会誌の最新号に記載された論文のコピーであった。一般に、化学論文は、「要旨」、「序論」、「実験方法」、「結果」、「考察」という部分から成り立っているが、そのコピーはそこから、「要旨」と「考察」の部分だけが除かれたもので、その残りの部分から、授業で学んだことをベースに、学生自身がそこで報告されている実験結果について「考察」をせよというものであった。

手渡されたコピーには、ぎっしりと「英語」が詰まっていた。私の頭の中は、一瞬真っ白になった。それでも気を取り直して懸命に読んだが、最初に受けたショックから頭は混乱し、考察するどころか、論文を読むだけで試験時間終了のベルが鳴ってしまった。他の学生の解答用紙に目をやると、いずれもぎっしりと「英語」で埋められていた。白紙で提出するわけにはいかないと思った私は、「まだ英文を読むことに慣れていないので、読むことで全ての時間を取られてしまいました」とだけ書いて提出した。

私は茫然自失の状態で、自分の実験室の机に戻った。見るともなく窓の外に目をやると、あの美しい紅葉を誇った木々の葉はとうの昔に落葉し、それらが、折からの冷たい風に道路の隅に吹き寄せられ、やがては朽ち果てていく身を寄せ合うようにしてうずくまっていた。街のあちこちでは、北国らしく、つつましくイルミネーションが灯り、忙しい中にも、静かにクリスマスを迎えようとしていた。自分の指導教官の試験で零点を取ったのだ。私は一瞬「退学」の言葉が頭をよぎった。自分はここに来る資格など、そもそもなかったのだ！　それまで、ささやかながらも何とかして自分を支えていた自尊心も、ずたずたに引き裂かれていく思いであった。「万歳」の励ましで見送っていただいた多くの人に対して、たった数ヶ月で、どんな顔をして帰るというのか。

暗澹たる思いで頭を抱え込んでいたその時であった。スチュアート教授が白紙同然の私の答案用紙を手にして、ドアを押し開けて入ってこられた。私は恥ずかしくて、その場をすぐにでも逃げ出したい思いであった。すると教授は、「私が、日本語で同じような試験を受けたら、私も君と同じようなことを書くだろう」と言うと、いきなり右手を上げると「もしも君が、出典の論文や授業のノートを見ないと、君の神に対して誓うなら、今晩時間を与えるから、明日提出するように」と、厳かに宣言されたのである。“My God?” 私は不思議に思って聞き返した。私の家には、確かに神棚があり、母が毎朝かしわ手を打ち、また香を焚いては仏壇に向かってお経をあげていた。私は母のお経を通して、門前の小僧のように、般若心経の一部を今でもそらんじて唱えることはできる。だが、私は当時、神とは無縁であった。母の読経も、日常の習慣ぐらいにしか考えていなかった。

それに、この分野では世界的にも有名な科学者である教授が、神を持ち出したことにも違和感を覚えた。しかし、教授は当然という顔で、“Yes, your God!” と言われたのである。私はどのように答えたらいいのか返答に窮した。不意を突かれた思いであった。「神とはいった誰か……?」だが、ここで神論争をして、教授の好意を無駄にしては元も子もないではないか。私は咄嗟に立ち上がると、右手を上げて「先生、もちろん、誓います！」と、宣言したのである。教授は私の手を握ると、“God bless you!” と言い残して部屋を出ていかれた。私が神を知る前に、神はスチュアート教授を通して、私を救われたのである。その時の、教授の優しい笑顔と暖かい手の温もりは、今でも忘れることなく私の中に残っている。

今、このようにして振り返ると、私の化学から神学への長い旅路は、このように、西南学院大学やＵＢＣの先生方との心温まる出会いを通して始まったのであろう。


私はＵＢＣでPh.D.を修得したあと、トロント大学で博士研究員として1年間を過ごし、１９７４年に帰国した。そして日本の化学会社に就職し、主に研究畑を歩いた。自分自身による新しい発明に基づいて、海外にプラントが建設された。そういう意味においては、私は、研究者・技術者として恵まれた会社生活を送ったと言ってよいであろう。しかし、定年に際しての退職は私にとって、大きなショックであった。まだ充分に美味であるにもかかわらず、賞味期限が過ぎたというだけで捨て去られるコンビニ弁当の怒りを超えた悲しみを共有できる自分が、なお一層、惨めであった。

私は50代の前半に、東京の目白にある目白ケ丘教会で、プロテスタントとして金子敬牧師によって洗礼を受けていたが、もしも信仰がなかったなら、一生かかってもこの惨めな気持ちから抜け出すことは難しかったであろう。私が今、このようにしてあるのは、まさに使徒パウロが、「私は何と惨めな人間なのだろう。誰がこの死の体から、私を救ってくれるだろうか。私たちの主イエス・キリストによって、神は感謝すべきかな！」（ローマの信徒への手紙7章24〜25節）と、ほとんど叫ぶようにして感謝の声を発したが、このようにして私自身も主イエス・キリストによって救い出されたのである。

その後、（社）日本化学工業協会で国際業務室長として奉職した。主にＷＴＯに関わる貿易問題、ＯＥＣＤや国連で進めた化学品の安全管理に関わるグローバルな調和に関する仕事などに携わった。それ以外にも、政府の貿易政策に関する小委員会、ＯＥＣＤの産業諮問委員会、ＩＳＯ等の委員としての仕事などにも関わり、多くの経験を積ませていただいた。

私は小学生のとき以来ずっと、国語、なかんずく作文が最も苦手で、化学論文か、社内での書類などしか書くことができず、また文学にもあまり関心を持つこともない一介の研究者として人生の大半を過ごしてきた。ところが、どういう風の吹き回しか、洗礼を受ける前後から、少しずつ自分の気持ちをエッセイとして書き綴ることができるようになっていた。そのようなわけで、一念発起、退職を機に、プラント建設に繋がった私の発明がいかにしてなされたか、そしてそれにまつわる様々な出来事を、長編小説として書くという、本人はもとより、それまでの私を知る者であれば予想すらできない途方もないことに挑戦したのである。それは、はたから見れば、風車を敵と見做して果敢に戦いを挑んだドン・キホーテのような、滑稽なものに見えたに違いない。70才を過ぎてからは、神学校で組織神学やギリシア語のコースを履修した。複雑で難解な言語と言われているギリシア語でもAを獲得できたが、このことは、私のような者でも、まだやれば出来ると、大いに奮い立たせてくれたものであった。

多くのクリスチャンにとって、科学と聖書との関係は最も悩ましいものの一つである。それは、一般のキリスト教未信者においても、いかにも不思議で、理解し難いものではないだろうか。その中でも、進化論はその代表と言ってもよいであろう。1859年にダーウィンが「種の起源」を著して一半世紀が過ぎた今日においてさえも、アメリカにおいては、人口の実に三分の一にも上る人が信じていないとされている。

私は、キリスト者として、また、科学者として、当然のことながらこの問題には強い関心を抱いていた。折から、私とは別分野であるが、客員研究員としてケンブリッジ大学に在留していた娘が、通っていた教会で偶々《たまたま》知己を得た同大学のアレククサンダー教授に、進化論と聖書との関係について著書があることを知り、私に知らせてくれたのである。教授は、著名な分子生物学者であると同時に、同大学の「ファラデー科学と宗教研究所」の名誉所長を兼ねる神学者である。「創造か進化か――我々は選択しなければならないのか」と題するその本は、大書であるが、ニュートンを始めとして数々の科学者、また知の巨人を生み出してきたケンブリッジの学問における伝統、知的な重みをずっしりと感じさせるものであった。

分子生物学は現在、あらゆる科学の中でも、その先端を切って走る分野である。本書は、ゲノム学や遺伝学などの最先端の知見を駆使して、従来の進化論における、今では学界においても不適切とされている「突然変異」や「適者生存」という言葉から連想される誤解と共に、××主義者たちによって固くこびりついた手垢を丁寧に洗い流し、進化論を、純粋な科学理論として提示し、その上で聖書との関係を明快に論じたものである。私は本書を読み進めていくうちに、私自身の中にあった、キリスト者として抱いていた進化論と聖書の間にある、モヤモヤとした黒い雲が次々と拭い去られ、心の中に青い空が広がっていく思いであった。ケンブリッジに教授を訪ね、直接お会いし、本書の邦訳について快諾を頂くことができた。翻訳後の日本語として約40万字にも上る本書は、そのおよそ半分が最新の分子生物学、残りの半分が神学に関するもので、両者が縦糸と横糸として織り込まれたものである。

一方が他方を劣るものとするとき、そこには世の常として、衝突と攻撃がある。一方、両者がそれぞれを真理として認めた時、真理と真理は、衝突を乗り越えて対話を始めることができる。アレクサンダー教授は、彼の著書において、最新の分子生物学によって、進化論が仮説ではなく、真に優れた科学理論、すなわち、「真理」であることを明確に示し、進化と聖書の対話を試みた。そして、「真理」と「真理」の対話は、相乗効果を発揮して、それぞれをより高いレベルの理解へと導くことを示したのである。私は、本書によって、長年の「うろこ」が目から落ちる思いであった。

本書は、専門外の人にも理解できるよう工夫して書かれているが、やがて本として出版されれば、それぞれの専門家によっても読まれるであろう。そのことを思うと、いい加減な翻訳では、著者に申し訳けが立たない。このいずれの分野も専門としない私にとって、翻訳は決して易しいものではなかった。分子生物学を参考書によって勉強し、聖書の注解書などをひもときながらの作業であった。辞書もない中での前野良沢・杉田玄白らの「解体新書」の翻訳に比べれば、いかに恵まれていることかと、自分自身を叱咤激励したものである。

ようやく翻訳も終えて、出版の準備をしていた時であった。リーゼント・カレッジという大学のロス・ヘースティングスという教授から、「あなたが科学と宗教について日本で活躍しており、リーゼントと交流したいという希望を持っていると伺っている。ついては、お互いに情報交換し、協力したい」という内容のメールが届いた。突然のことであった。しかも私自身、一介の元化学研究者に過ぎず、何らこの分野で活動しているわけでもない。その上、ヘースティングス教授はおろか、リーゼントも初めて聞く名前・大学であった。

狐につままれたような思いで、インターネットで調べたところ、驚いたことに、リーゼントが、私が50年前にUBCに留学したまさにその年に設立された、UBCの構内にあり、UBCの神学部のような位置づけにある神学大学であることが判明した。さらに、教授が私と同じ化学分野においてPh.D.を有し、さらにはスコットランドの聖アンドリュース神学大学で神学のPh.D.を修得した「科学と宗教」に関する専門家であることも判明した。私は、教授がどのようにして私のことを、そしてメールアドレスまで知ったのか、非常に驚いたが、同時に大いに興味を持った。私は、これらのことを述べると共に、交流をしたいという旨の返事を送った。

その後、どういう訳か、教授からの返信はなかった。それから約1年が経った昨年の5月、私の人生において、ある一つの区切りがついた。これからの人生について、いろいろと思いを巡らせているうちに、教授からの例のメールが、ふと心に浮かんだ。私は、教授にメールを送った。どうやら前のメールは、教授には届いていなかったようであった。改めて、自己紹介をし、様々な情報を交換した。そういうやり取りの中で、客員研究員としてリーゼント・カレッジでの学びが実現したのである。

以上が、私の化学から神学への半世紀にわたる、不思議で、長い、長い旅路である。私が化学ではなく神学の研究でUBCを再訪するなど、50年前、誰が予測できたであろうか。しかも、いかに自分自身で力んだとしても、世間の目から見れば、私は70台の半ばを過ぎた、まぎれもない老人である。北国のカナダでは、9月に入ると、さしもの長かった夏の日照時間も日ごとに短く、夕暮れの訪れも日々早くなっていった。カナダ自慢の楓も、黄色から、夕焼け空のように真っ赤に染まり、そして今や、冬の到来と共にすっかり落ちてしまった。

残された人生の日々がいくらあるのか知るよしもないが、私にとっての夕闇、そして冬は、確実にそこまでやって来ているのだ。イスラエルの父祖アブラハムが、故郷のメソポタミアを出てパレスチナへ行くようにと神によって呼び出されたのは、彼が75才の時であった。モーセは80才にして、エジプトで奴隷の状態にあるイスラエルを救うために呼び出された。果たして、神は何を意図して、この私をこの場所に呼び出されたのであろうか。一年前に私の招聘が実現した後も、いつもこのことを考え続けた。日本では、科学が、宗教はもとより芸術や哲学を含めたすべてのものを超越して唯一の真理とする考えが広くある。そのような風土の中で、まだ科学と宗教の関係についても、十分な理解がなされているとは言い難い。この度のリーゼントでの滞在中に、この関係について自分なりに整理し、日本で多少ともこの分野において貢献することが、今回、神から与えられた私の使命ではないかと考えるようになった。その結果として、四か月という短い期間ではあるが、またしても、私が愛して止まない「ラ・マンチャの男」、ドン・キホーテの滑稽ではあるが高潔な戦いにも勇気をいただき、できることなら本として出版することを夢見て、身の程も顧みずに、この問題に関して論文を書くという幻に挑戦することを決断したのである。

リーゼント・カレッジへの学びと本書の執筆の全てのことにおいて、私を励まし支えてくれたのは、次のような聖書の言葉であり、高村光太郎の祈りであった。

光は、いましばらく、あなたがたの間にある。
暗闇に追いつかれないように、光のあるうちに歩きなさい。（ヨハネによる福音書12章35節）

あなたは歳を重ねて老いる者となったが、
取るべき地はまだ多く残されている。（ヨシュア記13章1節）

父よ、僕を一人立ちにさせた広大な父よ、
僕から目を離さないで守ることをせよ。
常に父の気魄を僕に充たせよ。
この遠い道程のため、この遠い道程のため。（高村光太郎、詩集「道程」より）

木の葉がわずかに黄色味を帯びた晩夏から、楓の葉が真っ赤に染まった秋、様々な色模様の落ち葉を踏みしめながら歩いた晩秋、そして凍えるようにして白い息を吐きながら歩いた冬。まだ日が昇る前の暗闇の中、朝焼けの中、あるいは朝の木洩れ日の中、聖書とコンピュータ、妻が作ってくれたランチが入ったリュックを背負って、アパートからカレッジまでの静かな並木道を一人で歩く30分間は、私にとって神からいただいた至福の時間であった。そして、真摯に神学の研鑽を積まれている先生方や、スタッフ、学生の方々に囲まれ、神学大学として、霊と真理、自由に満たされた雰囲気の中にどっぷりと浸って、朝から日が暮れるまで一週間の全ての時間を、私のために用意していただいたオフィスで、書き物をしながら過ごすと言う、これまで考えることさえできなかった贅沢な毎日を過ごさせていただいた。もちろん、私にとって、本を執筆することは容易なことではない。呻吟しながらの難行であった。何とか所期の目的通りに、4か月間の滞在の間に初稿が書けたのは、カレッジにおいて、日々研鑽を積んでおられる先生や学生を見習ってのことである。また、先生方も、祈りをもって励ましてくださった。このような素晴らしい機会を与えていただいたリーゼント・カレッジに、改めて、心からの感謝を捧げたい。

カナダ・バンクーバー　リーゼント・カレッジにて　小山　清孝

２０１９年　クリスマスを前に

注釈

1　例えば、イギリスのケンブリッジ大学の Faraday Institute for Science and Religion やアメリカの BioLogos 等に連なる科学者たち。

2 アリスター・E・マクグラス『科学と宗教』17〜26頁（稲垣和久、倉沢正則、小林高徳訳、教文館 2003）

3 立花隆「宇宙からの帰還」（中公文庫、中央公論新社 1985）

4 日本遺伝学会「遺伝学用語改定について」（2019）

5 例えば、毎日新聞 2020年1月17日号など

6 https://finding-geo.info/basic/geologic_time.html

7 E・シュレディンガー「生命とは何か―物理的に見た生細胞」（岡小天、鎮目恭夫訳、岩波文庫 1951）

8 福岡伸一「動的平衡」（小学館新書 2017）

9 http://blog.sizen-kankyo.com/blog/2014/04/1753.html（地球と気象・地震を考える：環境ブログ）

10 三島由紀夫「美しい星」（新潮 1962）

11 https://medium.com/@BetterLateThanNever/ 生物学 – 第2版 – 第47章 – 保全生物学と生物多様性 -d5b473515151dd

12 『讃美歌（1954）』9番、『聖歌（1958）』89番、『讃美歌21（1997）』7番、『新生讃美歌（2003）』120番など、ほとんどの讃美歌集に掲載されている。ここでは、『新生讃美歌』の歌詞によった

13 https://hitsujiji.ti-da.net/e7789098.html

14　W. Ross Hastings, “Where Do Broken Hearts Go?” (Cascade Books, 2016)
15　イザヤ・ベンダサン「日本人とユダヤ人」（山本書店 1970）
16　キリスト教神学では、このことを「三位一体」と呼んでいる（父＝創造主、子＝イエス・キリスト、聖霊）

参考図書

デニス・アレクサンダー『創造か進化か——我々は選択しなければならないのか』（小山清孝訳、ヨベル、2020）
梅原猛『人類哲学序説』（岩波新書、岩波書店、2013）
アリスター・E・マクグラス『キリスト教神学入門』（神代真砂実訳、教文館、2002）
アリスター・E・マクグラス『科学と宗教』（稲垣和久、倉沢正則、小林高徳訳、教文館、2003）
フォン・ラート『創世記1』ＡＴＤ旧約聖書注解（ＡＴＤ・ＮＴＤ聖書注解刊行会、1993）
Ｊ・Ｃ・Ｌ・ギブソン「創世記Ｉ」（新井章三、西垣内寿枝訳、新教出版社、1998）
石居正巳「信徒のための聖書講解——旧約第1巻　創世記」（聖文舎、1971）
月本昭男『創世記注解』（日本基督教団出版局、1996）

小山清孝（おやま・きよたか）

福岡県出身（1943 年生）；九州大学工学博士、ブリティッシュ・コロンビア大学 Ph. D.（化学）；トロント大学博士研究員を経て、日本の民間化学会社に就職（探索研究所長、法務・特許部長、ファインケミカル事業部部長等を歴任）；（社）日本化学工業協会にて国際業務室長（WTO、自由貿易協定等に関わる国際貿易；国連〈ILO、IMO 等〉、OECD、ISO における化学品の安全管理に関わる国際調和等）；経済産業省貿易政策小委員会委員、経団連貿易と投資委員会委員、OECD 産業諮問委員会委員、APEC 化学産業部会委員等；“Enzyme Engineering 7” (The New York Academy of Sciences, 1984)、“Biocatalysis in Organic Media” (Elsevier, 1987)、“Biocatalytic Production of Amino Acids and Derivatives” (Hanser, 1992)、“Chirality in Industry” (John Wiley & Sons 1992) 等、化学に関わる論文・総説・著書（共著）多数；小説「黎明よ疾く覚めて闇を打て」（ペンネーム：仰木 望、文芸社、2007）、船本弘毅編著『希望のみなもと—わたしを支えた聖書のことば」燦葉出版社、2012、『**創造か進化か——我々は選択せねばならないのか**』（ヨベル、2020）；山口大学工学部非常勤講師；リーゼント・カレッジ客員研究員（科学と神学）

ヨベル新書 058

今、よみがえる創世記の世界

—— 進化論と聖書との対話

2020 年 7 月 15 日 初版発行

著　者 —— 小山清孝

発行者 —— 安田正人

発行所 —— 株式会社ヨベル　YOBEL, Inc.

〒 113-0033 東京都文京区本郷 4-1-1-5F

TEL03-3818-4851　FAX03-3818-4858

e-mail：info@yobel. co. jp

印刷 —— 中央精版印刷株式会社

配給元—日本キリスト教書販売株式会社（日キ販）

〒 162 - 0814　東京都新宿区新小川町 9 -1

振替 00130-3-60976　Tel 03-3260-5670

　ISBN978-4-909871-15-2 C0216

聖書の引用は、聖書 新共同訳（日本聖書協会刊行）による。

JASRAC 出 2005524-001

【書評再録】

デニス・アレクサンダー著　小山清孝訳　創造か進化か―我々は選択せねばならないのか

西南学院大学神学部教授　**濱野道雄**

創造か進化か、という問いに対して、原理主義的な信仰をもつ人は「創造だ」と言うでしょうし、リベラルな信仰を持つ人は「二つは関係ない」と言うかもしれません。T・ピータースの言葉を借りれば、前者を神学と科学の「戦闘モデル」、後者を「別居モデル」と、この両方を越えていく「仮説上の一致」モデルを、つまり同じ一つのまだ見ない世界を探し求め、具体的な倫理課題を共に考えるための対話関係にある創造論と進化論のあり方を、本書は丁寧に解き明かしてくれます。

このような現代における神学と科学の対話は、現代物理学と神学の関係から始まり、T・F・トランスやA・E・マクグラスによるリベラル神学からではないモデルが日本にも紹介されています。ただ神学者の間でも教会でもこの議論は十分には広がっておらず、その結果、重要な生命倫理や環境倫理、また自然災害やパンデミックにおける課題を十分に考察し、言葉にできていないのではと危惧する場面が残念ながら度々あります。今回、その中でもあまり日本語で読むことができなかった分子生物学分野と神学の対話を記した、イギリスの分子生物学者にして神学者のデニス・アレクサンダーの著書が、やはり科学者である小山清孝氏という最適な訳者を得て日本に紹介されたことを嬉しく思います。

保守層もリベラル層も「その人のDNAは不動で、人格を決定する」という思い込みから議論しがちですが、それが誤りであることを本書は証示してくれます。そして事実は「進化」というより「多様化」であることが示されており、私は福音的な解放感すら得ました。つまり、体内でDNAは毎分、何千キロと複製される中で常に多様に変化したものも生まれ、子どもは両親とも持たないゲノム配列をも持って生まれます。その後「自然淘汰」ではなく、繁殖が続いたものが次の世代になる訳で、人間にとってそれはイエスの愛の教えに従って福祉や医療がいかに行われるかにかかっていると言うのです。そのすべてのプロセスに神が共にいることと著者は信じ、語ります。

イエスが示した神の国は異なるものが共に生きる世界であったことを思いますし、多様化のプロセスで生まれるすべての被造物と共に生きる人間の環境倫理を、またそのプロセスは「偶然」というより神の物語で導かれるべきだということを、信仰者として思います。世界がパンデミックにある現在、慰めと希望をその言葉に見もします。

本書は専門的な知識も多く、読者によっては難しく感じるかもしれません。現代物理学と信仰については、例えば三田一郎氏の『科学者はなぜ神を信じるのか』（ブルーバックス新書）など平易に読めるものもあります。分子生物学版の同様な書を、訳者が出版されることを一読者として望みます。

（キリスト新聞2020年4月11日号）

一流の科学者による一流の神学書

二松学舎大学教授　本多峰子

著者デニス・アレクサンダーは、ケンブリッジ大学の分子免疫学者であり、いくつもの要職を務めてきた指導的科学者である。同時に彼は、（本書序文の言葉を用いれば）「聖書が隅から隅まで心を揺さぶる神の言葉であると信じている人々」の一人であることを自認する熱心なキリスト教徒でもある。科学と宗教の関係を論じ、両者の調和、共存、相互作用を考える、ファラデー科学と宗教研究所（Faraday Institute for Science and Religion）の創設メンバーであり、名誉所長でもあり、名誉フェローでもある。彼は科学と神学両分野の深い専門的知識を有し、その学問的知識に立って、両者が対立するものではなく、真の科学者が真の信仰者でもありうることを長年にわたり示してきた。この本は特に、聖書の創世記一章の創造物語が科学の進化論といかに調和するか、科学と神学の両領域から論じ、一般読者の理解を助けることを目的に書かれている。

本書は最初に創造とは何か、聖書原典のヘブライ語やギリシア語も踏まえて聖書学的に解釈し、創造に関する聖書的教義を、神と被造界との関係や奇跡の意味を踏まえて神学的に論じる。次に、進化とは何かを科学的に、年代決定の問題、人間のＤＮＡや遺伝子の働きや構造の仕組みから解説し、現在の人間が生物学的には長い歴史を経て進化によって成ったと考えられることの妥当性を明確に示している。そのうえで、クリスチャンがダーウィンの進化論をいかにして受け入れたか、進化的創造主義という見方を提示して、Ｃ・キングスリーの有名な、神は被造物が自己発達できるように原始の形を創造したのであるとの考えなどを紹介して、「進化論と聖書の創造論とはどちらかを選ばねばならない二者択一の選択肢ではない」と言う。進化論は神に反するというのは誤解である。

さらに彼は、聖書の創世記での人間の創造物語と、進化論の関係を考える。過去700万年にもわたるホモサピエンスの進化の歴史を、ＤＮＡ情報の科学的データを用いてサヘラントロプスからたどり、最初のヒトは、遺伝学的にその進化の上で現れたものであることを科学的に示したうえで、アダムとエバが、神との人格的な関係、神と自分との個人的な関係を知る認識力を備えた最初の霊的命であったとの考えを、聖書の記述と科学とを整合させる目下のところ最善のモデルとして採択する。

著者は科学者として、進化や創造をどこまでも純粋に科学的に追求する。科学でまだ証明できないことを安易に神の業や設計に帰す考えは断じて退け、「我々は、我々が知り、かつ理解することの少なさの故に、神を誉め、讃えるべきであり、我々の現在の科学知識の無知に基づいて、神学的または弁証法的な装いをすべきではない」と言う。科学者は、神の業について科学の記述が未完成であることを認識しており、だからこそ、「神の世界を研究するために」自然科学の分野で働いているのだと言うのである。

この態度は、ニュートンら初期の科学者が、自分たちの営みが神の被造界を理解するための神学的営みであると考えていたことを思い起こさせる。著者デニス・アレクサンダーはそうした意味で、科学と神学が袂を分かつ前のケンブリッジの科学者たちの魂を受けつぐ科学者のひとりと言えよう。

この本は、科学的な専門的議論を踏まえているため、訳出にも専門的な知識が必要である。訳者は化学で博士号を取得した科学者であると同時に、科学と神学の分野でリーゼント・カレッジの客員研究員の経験ももつ。その確かな訳で本書が日本の読者に紹介されることは、日本ではまだあまり開拓されていない科学と宗教の関係を考える分野で貴重なことである。本書は、信仰と科学が矛盾するのではないかとの問題意識を持つ方はもちろん、そうではない方にも是非薦められる一冊である。

（週間読書人２０２０年5月15日号）

デニス・アレクサンダー著　小山清孝訳　各紙誌絶賛！

創造か進化か　我々は選択せねばならないのか

進化論は聖書と衝突するか?!
科学と信仰の親密な関係を構築・再考する最良の手引き書。

キリスト教信仰と相容れないとされてきた〈進化〉が、生物多様化のメカニズムを解読できる優れた理論であり、神の創造の業と平和的に共存できることを、ゲノム学や遺伝学など分子生物学の最先端の知識を駆使して明快に説き、欧米のキリスト教世界に新風を吹き込んだ好著、待望の邦訳！

Ａ５判・五〇四頁・二八〇〇円

ISBN978-4-909871-12-1 C0016